ORDONNANCE DU ROI,

Portant règlement pour le payement des Troupes de Sa Majesté, pendant la Campagne 1759.

Du premier Juillet 1759.

A PARIS,

DE L'IMPRIMERIE ROYALE.

M. DCC LIX.

TABLE

Des Articles & Titres contenus en l'Ordonnance du Roi, du premier Juillet 1759, portant règlement pour le payement des Troupes de Sa Majesté, pendant la Campagne 1759.

ORDONNANCE

ORDONNANCE
DU ROI,

Portant règlement pour le Payement des Troupes de Sa Majesté pendant la Campagne 1759.

Du premier Juillet 1759.

DE PAR LE ROI.

S A MAJESTÉ voulant régler le traitement qui sera fait à ses Troupes dans ses armées, pendant la campagne 1759, à commencer du premier Mai, Elle a ordonné & ordonne ce qui suit :

ARTICLE PREMIER.

IL sera fourni du fourrage aux troupes, lorsqu'il n'y aura *Fourrage.* point occasion de fourrager sur le pays, conformément aux états que Sa Majesté fera expédier, & ce, pour les quantités de rations attribuées à chaque grade des Officiers de ses troupes d'Infanterie françoise & étrangère, Cavalerie, Hussards & Dragons, par son ordonnance du premier avril dernier, concernant la solde des Troupes pendant l'hiver.

A

Elle sera aussi expédier des états pour la fourniture du pain de munition aux Officiers d'Infanterie françoise, des troupes de Cavalerie, de la Maison de Sa Majesté, des régimens de Cavalerie, de Carabiniers, de Hussards & de Dragons, & aux Brigadiers, Sous-Brigadiers, Gardes-du-Corps, Gendarmes, Chevaux-légers, Mousquetaires, Grenadiers à cheval, Sergens, Soldats, Cavaliers, Carabiniers, Hussards & Dragons, & seulement aux Sergens & Soldats des régimens étrangers, qui serviront dans les armées de Sa Majesté, à commencer des jours qu'elles se mettront en campagne en corps d'armée, jusqu'au dernier octobre prochain, sur le pied des revûes, en observant de se conformer pour les quantités attribuées à chaque grade, à ce qui est prescrit ci-après par la présente ordonnance. Sa Majesté entend à cet effet, que les revûes se fassent régulièrement tous les deux mois pendant la campagne, aux troupes des armées, par les Commissaires des guerres, avec les Directeurs ou Inspecteurs généraux, où il s'en trouvera.

I I.

LES compagnies des Gardes-Françoises & Suisses seront payées de leur solde ordinaire, sur laquelle il sera retenu deux sols pour chaque ration de pain de munition qui leur sera fournie; & les Officiers de l'État-major de chacun desdits régimens, recevront leurs appointemens suivant les états qui seront expédiés.

I I I.

INFANTERIE FRANÇOISE.

CHAQUE bataillon d'Infanterie françoise, servant en campagne, composé de dix-sept compagnies, dont une de Grenadiers de quarante-cinq hommes, & seize de Fusiliers de quarante hommes, faisant au total six cens quatre-vingt-cinq hommes, outre le pain de munition qui sera fourni aux Officiers & Soldats, sera payé pendant la campagne, sur le pied par jour, savoir:

La compagnie de Grenadiers, à raison de cinq livres trois sols quatre deniers au Capitaine, y compris quatre livres treize sols quatre deniers de supplément. *Compagnies de Grenadiers.*

Trente sols au Lieutenant, y compris vingt-deux sols de supplément.

Vingt sols au Sous-lieutenant, y compris quatorze sols de supplément.

Sept sols quatre deniers à chacun des deux Sergens, dont un sol quatre deniers de supplément; cinq sols huit deniers à chacun des trois Caporaux, dont un sol onze deniers de supplément; quatre sols huit deniers à chacun des trois Anspessades, dont un sol deux deniers de supplément; & trois sols huit deniers à chacun des trente-six Grenadiers & au Tambour, dont huit deniers de supplément.

Le Capitaine, outre l'appointement ci-dessus, recevra cinq payes de gratification de six sols huit deniers chacune, dont deux payes de supplément, sa compagnie étant complète de quarante-cinq hommes, & rien au dessous dudit nombre. *Payes de gratification.*

Chacune des seize compagnies de Fusiliers de chaque bataillon, sera payée sur le pied par jour, savoir: *Compagnies de Fusiliers.*

Aux Capitaines des quatre premières compagnies, à raison de quatre livres dix sols par jour, y compris quatre livres deux sols de supplément.

Aux Capitaines des quatre compagnies qui suivent par leur rang, à raison de trois livres seize sols huit deniers par jour, y compris trois livres huit sols huit deniers de supplément.

Aux Capitaines des huit dernières compagnies, à raison de trois livres trois sols quatre deniers, y compris deux livres quinze sols quatre deniers de supplément.

A chaque Lieutenant des seize compagnies de Fusiliers, vingt-trois sols quatre deniers, y compris dix-sept sols quatre deniers de supplément.

Les deux Sergens, trois Caporaux, trois Anspessades, trente-un Fusiliers & un Tambour, qui sont en chacune des seize compagnies de Fusiliers, seront payés à raison de six sols quatre deniers par jour à chaque Sergent, dont un sol quatre deniers de supplément; quatre sols huit deniers à chaque Caporal, dont un sol cinq deniers de supplément; trois sols huit deniers à chaque Anspessade, dont huit deniers de supplément; & deux sols huit deniers à chaque Fusilier & au Tambour, dont deux deniers de supplément.

Payes de gratification. Le Capitaine de Fusiliers, outre l'appointement ci-dessus, recevra cinq payes de gratification de cinq sols huit deniers chacune, dont deux payes de supplément, sa compagnie étant complète de quarante hommes, trois à trente-neuf, une seulement à trente-huit hommes, & rien au dessous dudit nombre de trente-huit hommes.

Soldats surnuméraires du régiment du Roi. Les cinq hommes surnuméraires par compagnie, établis dans le régiment d'Infanterie du Roi, par ordonnance du 7 septembre 1741, & que Sa Majesté, par celles du 20 février 1749 & premier août 1755, a bien voulu continuer d'y entretenir au-delà du complet en chacune des soixante-huit compagnies dudit régiment, sans tirer à conséquence pour les autres régimens de son Infanterie françoise, recevront leur solde sur le pied par jour, de trois sols huit deniers à chaque Grenadier, y compris huit deniers de supplément; & de deux sols huit deniers à chaque Fusilier, dont deux deniers de supplément, en passant présent aux revûes des Commissaires des guerres, jusqu'audit nombre de cinq par compagnie, sans que cela produise aucune augmentation dans les hautes-payes, ni dans les payes de gratification desdites compagnies.

Capitaines en second tenant lieu de Lieutenans. Les Capitaines en second, ci-devant en pied, qui par la réforme remplissent des places de Lieutenant dans les compagnies de Fusiliers, jusqu'à leur remplacement, seront payés en campagne, de leurs appointemens, sur le pied chacun de trente-deux sols par jour, y compris vingt-cinq sols de supplément.

Enseignes. Les deux Enseignes qui sont en chaque bataillon pour porter les drapeaux, seront payés de seize sols par jour, y compris onze sols de supplément.

Les

Les Officiers de l'État-major de chaque régiment d'Infanterie françoise, avec Prevôté ou sans Prevôté, seront payés sur le pied par jour, de quatre livres trois sols quatre deniers au Colonel, y compris trois livres sept sols quatre deniers de supplément; neuf livres sept sols neuf deniers un tiers au Lieutenant-colonel, y compris quatre livres dix-sept sols quatre deniers de supplément, tant pour leurs appointemens en leurdite qualité, que pour leur tenir lieu de ceux de Capitaine, n'ayant plus de compagnie; quatre livres dix sols au Major, y compris quatre livres deux sols de supplément; trois livres trois sols quatre deniers au second Major du régiment du Roi; deux livres seize sols huit deniers à l'Aide-major, y compris deux livres dix sols huit deniers de supplément; vingt sols au Maréchal-des-logis, y compris seize sols de supplément; & dix sols à chacun des Aumônier & Chirurgien, y compris sept sols six deniers de supplément.

État-major des régimens d'Infanterie françoise.

Sa Majesté ayant réglé par son ordonnance du 20 février 1749, que la compagnie Colonelle de son régiment d'Infanterie seroit conservée, & commandée comme ci-devant par le Colonel-lieutenant, il continuera d'être payé en ladite qualité de Colonel, sur le pied réglé par l'ordonnance du premier avril 1759, de trente-trois sols quatre deniers par jour, indépendamment des appointemens qu'il recevra comme Capitaine, à raison de trois livres trois sols quatre deniers par jour; les gradations d'augmentation de traitement établies pour les compagnies de Fusiliers devant avoir lieu pour ledit régiment comme pour les autres de l'Infanterie françoise, à commencer du premier Capitaine factionnaire.

Colonel-lieutenant du régiment d'Infanterie du Roi.

Le sieur Chevalier de Beauveau, Colonel en second du régiment des Gardes de Lorraine, sera payé de ses appointemens en campagne, sur le pied de quatre livres trois sols quatre deniers, y compris trois livres sept sols quatre deniers de supplément.

Colonel en second du régiment des Gardes de Lorraine.

Les Officiers de la Prevôté des régimens où il y a Prevôté, servant dans les armées, seront payés sur le pied

Prevôté.

par jour, de dix-huit fols huit deniers au Prevôt, dont treize fols huit deniers de fupplément; fept fols quatre deniers à fon Lieutenant, dont quatre fols dix deniers de fupplément; quatre fols quatre deniers au Greffier, dont deux fols quatre deniers de fupplément; & trois fols à chacun des cinq Archers & à l'Exécuteur de Juftice, dont deux fols de fupplément.

Commandans & Aides-majors de bataillons.

Les Commandans des fecond, troifième & quatrième bataillons des régimens où il y en a ce nombre, feront payés fur le pied de cinq livres dix-huit fols dix deniers deux tiers par jour chacun, y compris quatre livres huit fols dix deniers deux tiers de fupplément, ne devant point être attachés à aucune compagnie; & les Aides-majors defdits bataillons, recevront chacun deux livres feize fols huit deniers par jour, y compris deux livres dix fols huit deniers de fupplément.

Sous-aides-majors dans le régiment du Roi.

Les quatre Sous-aides-majors que Sa Majefté a établis dans fon régiment d'Infanterie, par ordonnance du 20 juillet 1753, continueront de recevoir les feize livres treize fols quatre deniers par mois, réglés par ladite ordonnance, indépendamment de leurs appointemens de Lieutenans.

Appointemens confervés aux anciens Commandans de bataillon.

Les Officiers qui commandoient les bataillons qui ont été réformés par les réductions ordonnées dans l'Infanterie françoife, en 1748 & 1749, continueront de jouir en campagne des trente-fix fols huit deniers par jour qui leur font réglés pendant l'hiver, jufqu'à ce qu'ils foient remplacés; & ce indépendamment des appointemens qui leur font ci-deffus réglés comme Capitaine d'une compagnie de Fufiliers.

Officiers réformés à la fuite des régimens.

Les Officiers réformés à la fuite des régimens d'Infanterie françoife, y feront payés, lorfque les régimens fervent en campagne, fur le même pied des appointemens qui leur ont été réglés par mois d'hiver, à la déduction feulement de vingt-cinq livres par mois à chaque Colonel & Lieutenant-colonel, de quinze livres à chaque Capitaine, & de cinq livres à chaque Lieutenant.

Les régimens d'Infanterie françoise & étrangère qui servent dans les isles de Minorque & de Corse, continueront d'être payés de leur solde, sur le pied réglé par l'ordonnance de solde d'hiver du 1.er avril dernier.

Régimens qui servent dans les isles de Minorque & de Corse.

Les Officiers qui, en conséquence des ordonnances des 30 décembre 1757 & 9 avril 1758, doivent représenter ceux qui sont Prisonniers de guerre, seront payés pendant la campagne, savoir; les Capitaines exploitans les compagnies des Capitaines prisonniers de guerre, sur le pied de trois livres trois sols quatre deniers par jour, quand même ils représenteroient des Capitaines des premières compagnies, auxquels Sa Majesté a réglé des appointemens plus forts : lesdits Capitaines représentans, jouiront aussi de tout le traitement attaché à leur grade, ainsi que des émolumens de la compagnie qu'ils exploitent, de l'entretien & des réparations de laquelle ils seront tenus.

Officiers représentans ceux Prisonniers de guerre.

Les Lieutenans qui remplaceront ceux qui sont Prisonniers, seront payés sur le pied réglé par la présente ordonnance pour les autres Lieutenans.

Et les Aides-majors qui représenteront les Aides-majors prisonniers, recevront les mêmes appointemens des autres Aides-majors de l'Infanterie françoise.

A l'égard des Officiers prisonniers, ils seront payés sur des ordres particuliers, ainsi que Sa Majesté s'en est expliquée par l'ordonnance de solde du 1.er avril dernier.

Les Officiers qui auront été nommés pour représenter les Lieutenans-colonels, Commandans de bataillon, Majors & Capitaines de Grenadiers prisonniers, jouiront des appointemens & fourrages attribués à chacun de ces grades; & les Officiers prisonniers qu'ils représenteront, seront payés sur les ordres particuliers de Sa Majesté.

Entend Sa Majesté que les pensions attribuées aux Lieutenans-colonels & premiers Capitaines de vingt régimens de son Infanterie françoise, ainsi que les gratifications attachées aux charges, continuent d'être payées aux Officiers prisonniers qui en jouissent.

Les régimens Royal-Lorraine & Royal-Barrois, continueront de recevoir, en servant en campagne, la même solde qui leur est réglée par l'ordonnance du 1.ᵉʳ avril 1759.

L'intention de Sa Majesté est que quoique ces régimens soient à la paye de garnison toute l'année, ils aient la faculté en campagne de prendre le pain de munition & la viande, aux retenues ordinaires sur la solde; à l'exception cependant des Officiers, auxquels Elle veut bien accorder la fourniture du pain de munition *gratis*, comme en jouissent ceux de ses troupes d'Infanterie françoise.

Au moyen du traitement réglé à ces deux régimens, il ne leur sera accordé ni ustensile ni argent de recrue, devant être toûjours complets au moyen des hommes qui leur seront fournis des Milices de Lorraine & de Bar; mais Sa Majesté leur donnera des routes avec étape pour faire joindre les hommes de remplacement.

LE Corps des Grenadiers de France, formé par ordonnance du 15 février 1749, & qui, suivant celle du 15 septembre 1750, a rang dans l'Infanterie immédiatement après le régiment de Bourbon, ce Corps composé de quatre brigades de douze compagnies de quarante-cinq hommes, faisant au total deux mille cent soixante hommes, sur le pied de cinq cens quarante hommes par brigade, sera payé à raison par jour, savoir;

Chacune des quarante-huit compagnies, de six livres quinze sols dix deniers au Capitaine, y compris cinq livres dix-neuf sols dix deniers de supplément, tant pour ses appointemens que pour lui tenir lieu des cinq payes de gratification dont jouissent les Capitaines de Grenadiers des régimens d'Infanterie françoise, leur compagnie étant complète; trente sols au Lieutenant, y compris vingt-deux sols de supplément; vingt sols au Lieutenant en second, dont quatorze sols de supplément; sept sols quatre deniers à chacun des deux Sergens, dont un sol quatre deniers de supplément; cinq sols huit deniers à chacun des trois Caporaux, dont un sol onze deniers de supplément; quatre

sols

fols huit deniers à chacun des trois Anfpeffades, y compris un fol deux deniers de fupplément; & trois fols huit deniers à chacun des trente-fix Grenadiers & au Tambour, dont huit deniers de fupplément.

Le Sergent, le Caporal & les onze Grenadiers entretenus en chacune des quatre Brigades, fous la dénomination de Charpentiers, continueront de recevoir le fupplément de folde qui leur a été réglé par l'ordonnance du 15 août 1750, à raifon par jour, de deux fols au Sergent, un fol fix deniers au Caporal, & un fol à chaque Grenadier-Charpentier. *Supplément de folde aux Charpentiers.*

L'Enfeigne qui eft en chacune des quatre brigades, fera payé fur le pied de feize fols par jour, y compris onze fols de fupplément. *Enfeignes.*

L'État-major dudit Corps, fera payé fur le pied par jour, de vingt-une livres fept fols neuf deniers un tiers à l'Infpecteur - commandant, y compris dix livres cinq fols fix deniers deux tiers de fupplément; douze livres dix fols au fieur de Lanjamet, ci-devant Major, & établi Commandant en fecond dudit corps, par ordonnance du 8 juillet 1756, y compris neuf livres trois fols quatre deniers de fupplément, lequel traitement fera éteint du jour que ledit fieur de Lanjamet ne fera plus employé audit Corps; neuf livres trois fols quatre deniers à chaque Colonel deftiné à fervir audit Corps, y compris huit livres fept fols quatre deniers de fupplément; fept livres dix fols à chaque Lieutenant-colonel, y compris cinq livres feize fols huit deniers de fupplément, & ce pour le temps feulement que lefdits Colonels & Lieutenans - colonels feront de fervice audit Corps en campagne; de quatre livres dix fols à chacun des quatre Sergens-majors, y compris trois livres dix-huit fols de fupplément; deux livres feize fols huit deniers à chacun des quatre Aides-majors, y compris deux livres dix fols huit deniers de fupplément; vingt fols à chacun des Aumônier & Chirurgien, & dix fols quatre deniers à chacun des Tambour-major & Fifre. *État-major.*

LES fix brigades du Corps royal de l'Artillerie, compofées chacune de huit compagnies de cent hommes chacune, *CORPS ROYAL de l'ARTILLERIE.*

C

dont une d'Ouvriers, cinq de Canonniers, & deux de Bombardiers, sera payé, en servant en campagne, savoir;

Compagnies d'Ouvriers.

La compagnie d'Ouvriers, sur le pied par jour, de cinq livres au Capitaine en premier, cinquante sols à chacun des deux Capitaines en second, quarante sols à chacun des deux Lieutenans en premier, trente sols à chacun des deux Lieutenans en second, seize sols dix deniers à chacun des six Sergens ou Maîtres-ouvriers, seize sols deux deniers à chacun des six Caporaux ou Sous-maîtres-ouvriers, quatorze sols deux deniers à chacun des six Anpessades, treize sols deux deniers à chacun de vingt-cinq des soixante Ouvriers, dix sols deux deniers à chacun des trente-cinq autres, huit sols deux deniers à chacun des vingt-un Apprentifs, & sept sols huit deniers à chacun des trois Tambours.

Le Capitaine jouira en outre de seize payes de gratification de dix sols deux deniers chacune, sa compagnie étant complète de cent hommes, douze à quatre-vingt-dix-huit, huit à quatre-vingt-seize, six à quatre-vingt-quatorze, quatre à quatre-vingt-douze, & aucune sa compagnie étant au dessous dudit nombre de quatre-vingt-douze hommes.

Compagnies de Canonniers.

Chacune des cinq compagnies de Canonniers par brigades, sera payée à raison par jour, de cinq livres au Capitaine en premier, cinquante sols à chacun des deux Capitaines en second, quarante sols à chacun des deux Lieutenans en premier, trente sols à chacun des deux Lieutenans en second, quinze sols dix deniers à chacun des six Sergens, onze sols huit deniers à chacun des six Caporaux, huit sols huit deniers à chacun des six Anspessades, six sols huit deniers à chacun de dix-huit des soixante-dix-neuf Canonniers, quatre sols deux deniers à chacun de dix-huit autres, trois sols deux deniers à chacun des quarante-trois restans, & six sols huit deniers à chacun des trois Tambours.

Compagnies de Bombardiers.

Chacune des deux compagnies de Bombardiers par brigade, sera payée sur le pied, par jour, de cinq livres au Capitaine en premier, cinquante fols à chacun des deux Capitaines en fecond, quarante fols à chacun des deux Lieutenans en premier, trente fols à chacun des deux Lieutenans en fecond, quinze fols dix deniers à chacun des fix Sergens, douze fols deux deniers à chacun des fix Caporaux, dix fols deux deniers à chacun des fix Anfpeffades, neuf fols deux deniers à chacun de quatre des feize Artificiers-bombardiers, huit fols huit deniers à chacun de fix defdits Artificiers-bombardiers, fept fols huit deniers à chacun de fix autres, fix fols huit deniers à chacun de douze des foixante-trois Bombardiers, quatre fols deux deniers à chacun de douze autres, trois fols deux deniers à chacun des trente-neuf reftans, & fix fols huit deniers à chacun des trois Tambours.

L'État-major de chaque brigade, compofé d'un *État-major.* Brigadier ou Chef de brigade, d'un Colonel, d'un Lieutenant-colonel, un Major, un Aide-major, un Sous-aide-major, un Garçon-major, un Aumônier & un Chirurgien, fera payé fur le pied, par jour, favoir; de quinze livres feize fols huit deniers au Chef de brigade, douze livres dix fols au Colonel, huit livres dix fols au Lieutenant-colonel, fept livres dix fols au Major, cinq livres dix fols à l'Aide-major, deux livres fix fols huit deniers au Sous-aide-major, trente-fix fols huit deniers au Garçon-major, vingt-trois fols dix deniers à l'Aumônier, & vingt-neuf fols quatre deniers au Chirurgien.

Les compagnies de Sappeurs & de Mineurs, attachées au Corps du Génie par ordonnance du 10 mars 1759, feront payées en fervant en campagne, fur le pied, favoir;

Chacune des fix compagnies de Sappeurs, compofée *Sappeurs.* de foixante hommes, de cinq livres par jour au Capitaine, quarante fols au Lieutenant, quinze fols dix deniers à chacun des trois Sergens, onze fols huit deniers à chacun des trois Caporaux, huit fols huit deniers à chacun des trois Anfpeffades, fix fols huit deniers à chacun de onze des cinquante Sappeurs, quatre fols deux deniers à chacun des trente-neuf autres, & fix fols huit deniers au Tambour.

Le Capitaine de la première compagnie ayant rang de Lieutenant-colonel, recevra par jour sept livres treize sols quatre deniers, tant en qualité de Capitaine que de Commandant des six compagnies; le Major sept livres trois sols quatre deniers, & l'Aide-major cinq livres dix sols.

Mineurs.   Chacune des six compagnies de Mineurs, composée de soixante hommes, de cinq livres par jour au Capitaine en premier, cinquante sols au Capitaine en second, quarante sols au Lieutenant, trente sols à chacun des deux Lieutenans en second, seize sols dix deniers à chacun des quatre Sergens, douze sols huit deniers à chacun des quatre Caporaux, neuf sols huit deniers à chacun des quatre Anspessades, huit sols huit deniers à chacun des vingt-quatre Mineurs, cinq sols deux deniers à chacun des vingt-deux Apprentifs, & sept sols huit deniers à chacun des deux Tambours.

Le Capitaine de la première compagnie, ayant rang de Lieutenant-colonel, recevra par jour, sept livres treize sols quatre deniers, tant en qualité de Capitaine que de Commandant des six compagnies; & le premier Capitaine en second, établi dans la première compagnie, quatre livres trois sols quatre deniers aussi par jour.

Payes de gratification.   Chaque Capitaine recevra de plus huit payes de gratification, à raison de sept sols deux deniers chacune, sa compagnie étant complète de soixante hommes, six à cinquante-neuf, quatre à cinquante-huit, trois à cinquante-sept, deux à cinquante-six, & aucune sa compagnie étant au dessous dudit nombre de cinquante-six hommes.

Le Major recevra sept livres trois sols quatre deniers par jour, & l'Aide-major cinq livres dix sols.

Comme il se trouve, par la nouvelle forme que le Roi a donné au Corps royal de l'Artillerie & aux compagnies de Sappeurs & de Mineurs, plusieurs hommes qui éprouvent une diminution sur leur solde, l'intention de Sa Majesté est qu'elle leur soit continuée sur l'ancien pied tant qu'ils existeront à leurs troupes, jusqu'à ce qu'ils

soient

foient montés à des grades dont la paye fera équivalente; au moyen de quoi les Commiffaires des guerres feront mention dans leurs revûes, du fupplément de paye qui reviendra à chacun de ces hommes, conformément à l'état qui leur en fera remis par le Major ou Officier chargé du détail de chaque brigade du Corps royal de l'Artillerie & des compagnies de Sappeurs & de Mineurs, en rappelant ce fupplément du jour qu'ils ont ceffé d'être payés fur l'ancien pied, & le décompte leur en fera fait en conféquence defdites revûes, lequel fupplément s'éteindra à mefure que les hommes viendront à manquer ou qu'ils monteront à des grades dont la paye équivalera celle qu'ils avoient.

Enjoint Sa Majefté auxdits Majors ou Officiers chargés du détail, de remettre, lors de chaque revûe, un état exact & fidèle des hommes qui font dans le cas de jouir de ce fupplément, lequel état ils certifieront véritable.

L'intention de Sa Majefté eft auffi que ce fupplément leur foit payé lorfqu'ils marcheront par étape, indépendamment de celui qui leur eft réglé par l'ordonnance de folde d'hiver du premier avril dernier.

Outre la folde ci-deffus de l'Infanterie françoife, des régimens Royal-Lorraine & Royal-Barrois, du corps des Grenadiers de France, & des fix brigades du corps royal de l'Artillerie, des fix compagnies de Sappeurs, & des fix compagnies de Mineurs, il fera payé vingt-quatre deniers par jour pour chaque Sergent & Maître-Ouvrier, dont quatre deniers d'augmentation; & douze deniers pour chaque Caporal, Anfpeffade, Grenadier, Fufilier, Sappeur, Canonnier, Bombardier, Mineur, Sous-maître-ouvrier, Ouvrier, Apprentif & Tambour, dont deux deniers d'augmentation, pour former une Maffe toûjours complète, qui reftera entre les mains des Tréforiers généraux de l'Extraordinaire des guerres & de l'Artillerie, & dont la main-levée fera ordonnée, ainfi qu'il eft réglé par l'ordonnance du premier avril dernier.

LES Régimens de Grenadiers-royaux, formés des compagnies de Grenadiers & des Grenadiers-postiches des bataillons de Milices, seront payés, en servant en campagne, savoir;

Chaque compagnie formant deux troupes, l'une de Grenadiers, & l'autre de Grenadiers-postiches, à raison par jour, pour celle de Grenadiers composée de cinquante hommes, de quatre livres au Capitaine, trente-deux sols au premier Lieutenant, vingt sols au second Lieutenant; sept sols quatre deniers à chacun des deux Sergens, dont un sol quatre deniers de supplément; cinq sols huit deniers à chacun des trois Caporaux, dont un sol onze deniers de supplément; quatre sols huit deniers à chacun des trois Anspessades, dont un sol deux deniers de supplément; trois sols huit deniers à chacun des quarante-un Grenadiers, dont huit deniers de supplément; & cinq sols huit deniers au Tambour, dont huit deniers de supplément, lequel, à ce moyen, entretiendra sa caisse de peaux & de cordages, & se fournira de baguettes.

Et pour celle de Grenadiers-postiches, composée de soixante hommes, à raison par jour, de trois livres dix sols au Capitaine, vingt-cinq sols au Lieutenant, six sols quatre deniers à chacun des trois Sergens, dont un sol quatre deniers de supplément; quatre sols huit deniers à chacun des trois Caporaux, dont un sol cinq deniers de supplément; trois sols huit deniers à chacun des trois Anspessades, dont huit deniers de supplément; deux sols huit deniers à chacun des cinquante Grenadiers-postiches, dont deux deniers de supplément; & quatre sols huit deniers au Tambour, dont huit deniers de supplément, lequel, à ce moyen, entretiendra sa caisse de peaux & de cordages, & se fournira de baguettes.

Les Sergens, Caporaux, Anspessades, Grenadiers, Grenadiers-postiches & Tambours, auront en campagne du pain de munition & de la viande, outre la solde ci-dessus; au moyen de laquelle ils seront tenus de s'entretenir de linge & de chaussure.

Il sera payé vingt sols par jour au second Lieutenant entretenu aux Grenadiers-postiches des deux premières compagnies de chacun desdits régimens, pour porter les drapeaux.

L'État-major de chacun desdits régimens, sera payé sur le pied, par jour, de douze livres au Colonel; dix livres au Lieutenant-colonel, tant pour leurs appointemens en ladite qualité, que pour leur tenir lieu de ceux de Capitaine, n'ayant point de compagnies; six livres au Major, & trois livres à chacun des deux Aides-majors.

Sa Majesté voulant bien faire participer les Officiers des régimens de Grenadiers-royaux, qui servent dans ses armées, à la grace qu'Elle a accordée à plusieurs de ses troupes, en leur faisant délivrer la fourniture du pain *gratis*, pour laquelle on leur retenoit deux sols par ration, attendu qu'ils avoient paye égale toute l'année, son intention est que cette fourniture leur soit faite aussi *gratis* sur le pied des quantités réglées pour chaque grade, comme à l'Infanterie françoise.

I V.

TROUPES LÉGÉRES.

LES régimens des Volontaires de Flandre, & celui des Volontaires du Haynault, portés par ordonnance particulière du 25 février 1758, à six cens hommes chacun, en huit compagnies de soixante-quinze hommes, dont quarante d'Infanterie & trente-cinq de Cavalerie, seront payés sur le pied par jour; savoir, chacune desdites compagnies de soixante-quinze hommes, à raison de six livres au Capitaine en pied ou titulaire, dont vingt sols de supplément.

Pour la partie de l'Infanterie, cinquante-six sols huit deniers au Capitaine en second de Fusiliers, dont six sols huit deniers de supplément; quarante sols au Lieutenant, dont six sols huit deniers de supplément; onze sols quatre deniers à chacun des deux Sergens, sept sols huit deniers à chacun des trois Caporaux, six sols huit deniers à chacun des trois Anspessades, & cinq sols huit deniers à chacun des trente-un Fusiliers & au Tambour.

Cavalerie. Et pour la partie de la Cavalerie, trois livres six sols huit deniers au Capitaine en second, dont six sols huit deniers de supplément; deux livres dix sols au Lieutenant, quarante sols au Cornette, vingt-six sols huit deniers au Maréchal-des-logis, huit sols à chacun des deux Brigadiers, & sept sols à chacun des trente-deux Cavaliers & au Trompette ou Timbalier.

Payes de gratification. Le Capitaine titulaire recevra en outre pour sa compagnie d'Infanterie, cinq payes de gratification de cinq sols huit deniers chacune, dont deux d'augmentation, sa compagnie étant complète de quarante hommes, trois à trente-neuf, une à trente-huit, & rien au dessous dudit nombre de trente-huit hommes.

État-major de chacun des régimens des Volontaires de Flandre & du Haynault. L'État-major de chacun desdits régimens, sera payé sur le pied par jour; savoir, de seize livres treize sols quatre deniers au Colonel, dix livres au Lieutenant-colonel, lesquels ne doivent point avoir de compagnie; six livres au Major, trois livres six sols huit deniers à l'Aide-major d'Infanterie, quatre livres à l'Aide-major de Cavalerie, trente sols à l'Aumônier, & vingt sols au Chirurgien.

Enseigne en chaque régiment pour porter le drapeau. Il sera entretenu en chacun desdits régimens un Enseigne pour porter le drapeau, lequel sera payé sur le pied par jour, de trente sols; l'étendard sera porté par un des Cornettes.

LÉGION-ROYALE. LA Légion-royale, portée par ordonnance du 10 février 1759, à dix-huit cens hommes en dix-sept compagnies, *Composition.* dont deux de Grenadiers de quarante-cinq hommes, douze de cent vingt-cinq hommes, dont soixante-quinze à pied, & cinquante Dragons montés, deux compagnies d'Hussards de soixante-quinze hommes, & une d'Ouvriers de soixante, sera payée, savoir;

Compagnies de Grenadiers. Chacune des deux compagnies de Grenadiers, sur le pied par jour, de cinq livres au Capitaine, dont vingt sols de supplément; cinquante sols au Lieutenant,

quarante

quarante sols au Lieutenant en second, douze sols quatre deniers à chacun des deux Sergens, huit sols huit deniers à chacun des trois Caporaux, sept sols huit deniers à chacun des trois Anspessades, six sols huit deniers à chacun des trente-six Grenadiers & au Tambour; & pareils six sols huit deniers pour chacune des cinq payes de gratification, dont deux de supplément, que le Capitaine recevra par jour, sa compagnie étant complète de quarante-cinq hommes, & rien au dessous dudit nombre. *Payes de gratification.*

Chacune des douze compagnies de cent vingt-cinq hommes, dont soixante-quinze d'Infanterie & cinquante de Dragons, sera payée à raison par jour, de six livres au Capitaine titulaire; & pour la partie de l'Infanterie, de cinquante-six sols huit deniers au Capitaine en second, dont six sols huit deniers de supplément; quarante sols au Lieutenant, dont cinq de supplément; trente sols au Lieutenant en second, onze sols quatre deniers à chacun des quatre Sergens, sept sols huit deniers à chacun des six Caporaux, six sols huit deniers à chacun des six Anspessades, & cinq sols huit deniers à chacun des cinquante-huit Fusiliers & au Tambour. *Compagnies de cent vingt-cinq hommes, dont soixante - quinze à pied, & cinquante Dragons montés. Infanterie.*

Le Capitaine titulaire recevra en outre neuf payes de gratification, de cinq sols huit deniers chacune, pour sa compagnie d'Infanterie, lorsqu'elle sera complète de soixante-quinze hommes, six à soixante-quatorze, trois à soixante-douze & soixante-treize, deux à soixante-onze, une à soixante-dix, & rien au dessous dudit nombre de soixante-dix hommes. *Payes de gratification.*

Et pour la partie de Dragons, il sera payé au Capitaine en second trois livres six sols huit deniers, dont six sols huit deniers de supplément, cinquante sols au Lieutenant, dont dix sols de supplément; quarante sols au Lieutenant en second, vingt-six sols huit deniers au Maréchal-des-logis, dix sols six deniers au Fourrier établi par ordonnance du premier novembre 1758, huit sols à chacun des trois Brigadiers, & sept sols à chacun des quarante-cinq Dragons & un Tambour. *Dragons*

E

Compagnies d'Hussards. Chacune des deux compagnies d'Hussards, sera payée à raison par jour, de six livres au Capitaine, trois livres au premier Lieutenant, cinquante sols au second Lieutenant, quarante-cinq sols au Cornette, vingt-six sols huit deniers à chacun des deux Maréchaux-des-logis, douze sols au Fourrier, neuf sols à chacun des six Brigadiers, & sept sols à chacun des soixante-sept Hussards & un Trompette.

Compagnie d'Ouvriers. La compagnie d'Ouvriers de soixante hommes, sera payée à raison par jour, de quatre livres au Capitaine, quarante sols au Lieutenant, trente sols au Lieutenant en second, vingt-cinq sols au Sous-lieutenant, seize sols quatre deniers à chacun des trois Sergens, quatorze sols quatre deniers à chacun des trois Maîtres-ouvriers, douze sols deux deniers à chacun des trois Sous-maîtres, dix sols deux deniers à chacun des vingt-un Charpentiers, & huit sols deux deniers à chacun des trente Apprentifs, y compris le Tambour.

Payes de gratification. Le Capitaine recevra de plus six payes de gratification de huit sols deux deniers chacune, sa compagnie étant complète de soixante hommes, trois à cinquante-neuf, une à cinquante-huit, & rien au dessous dudit nombre de cinquante-huit hommes.

Charretier. Il sera payé vingt sols par jour au Charretier attaché à ladite compagnie, pour conduire le Caisson destiné à porter les outils & munitions, lequel Caisson sera attelé de trois chevaux, à chacun desquels il sera fourni une ration de fourrage.

État-major. L'État-major de la Légion-royale, sera payé sur le pied par jour, de seize livres treize sols quatre deniers au Colonel-commandant, tant pour ses appointemens en ladite qualité, que pour lui tenir lieu de ceux de Capitaine, ne devant point avoir de compagnie; laquelle fixation aura lieu à commencer du premier avril de la présente année; six livres au Major, trois livres six sols huit deniers à chacun des deux Aides-majors d'Infanterie, dont six sols huit deniers de supplément; quatre livres à chacun des deux Aides - majors de Dragons; trente fols à chacun des Aumôniers & Chirurgiens, & vingt fols à chacun des Aides-chirurgiens & Prevôt.

Entend Sa Majefté que les appointemens des Officiers mis d'augmentation dans cette Légion par ladite ordonnance du 10 février 1759, ainfi que la folde & maffe des Soldats, Dragons & Huffards mis pareillement d'augmentation, ne commence à avoir lieu que du 15 février de la préfente année fuivant les revûes des Commiffaires des guerres, & le fourrage fera fourni aux chevaux effectifs auxdites revûes.

Le Régiment des Volontaires du Dauphiné, porté par ordonnance du 7 avril 1758, à cinq cens foixante hommes, en huit compagnies de foixante-dix hommes chacune, dont quarante d'Infanterie, & trente Dragons montés, fera payé, favoir : *Régiment des Volontaires du Dauphiné. Composition.*

Chacune defdites compagnies de foixante-dix hommes, à raifon par jour, de fix livres au Capitaine en pied ou titulaire, dont vingt fols de fupplément. *Compagnies de foixante-dix hommes, dont quarante d'Infanterie, & trente Dragons montés.*

Pour la partie de l'Infanterie, cinquante-fix fols huit deniers au Capitaine en fecond de Fufiliers, dont fix fols huit deniers de fupplément; quarante fols au Lieutenant, dont fix fols huit deniers de fupplément; onze fols quatre deniers à chacun des deux Sergens, fept fols huit deniers à chacun des trois Caporaux, fix fols huit deniers à chacun des trois Anfpeffades, & cinq fols huit deniers à chacun des trente-un Fufiliers & au Tambour. *Infanterie.*

Et pour la partie des Dragons, trois livres fix fols huit deniers au Capitaine en fecond, dont fix fols huit deniers de fupplément; cinquante fols au Lieutenant, vingt-fix fols huit deniers au Maréchal-des-logis, fept fols fix deniers à chacun des deux Brigadiers, & fix fols fix deniers à chacun des vingt-fept Dragons & au Tambour. *Dragons.*

Le Capitaine titulaire recevra en outre pour fa compagnie d'Infanterie, cinq payes de gratification, de cinq fols huit deniers chacune, dont deux d'augmentation, fa *Payes de gratification.*

compagnie étant complète de quarante hommes; trois à trente-neuf, une à trente-huit, & rien au deſſous dudit nombre de trente-huit hommes.

Supplément d'appointemens aux ſieurs Beringuier & Lancize. Les ſieurs Beringuier & Lancize qui ont rang de Lieutenant-colonel, & qui commandent chacun en qualité de Capitaine une des compagnies dudit régiment, continueront de recevoir, outre leurs appointemens de Capitaine, chacun trente-trois ſols quatre deniers par jour, lequel traitement leur étant perſonnel, n'aura point lieu pour ceux qui leur ſuccéderont; voulant au ſurplus Sa Majeſté que leſdits ſieurs Beringuier & Lancize faſſent le ſervice de Capitaine audit régiment.

État-major. L'État-major de ce régiment ſera payé ſur le pied par jour; ſavoir, de ſeize livres treize ſols quatre deniers au Colonel, dix livres au Lieutenant-colonel, leſquels ne doivent point avoir de compagnie; ſix livres au Major, trois livres ſix ſols huit deniers à l'Aide-major, trente ſols à l'Aumônier, & vingt ſols au Chirurgien.

Enſeigne & Cornette pour porter les drapeaux & étendard. Il ſera entretenu dans ledit régiment un Enſeigne pour porter le drapeau, & un Cornette pour porter l'étendard, leſquels ſeront payés, ſur le pied par jour, de trente ſols à l'Enſeigne, & de quarante-cinq ſols au Cornette.

RÉGIMENT des VOLONTAIRES ÉTRANGERS de CLERMONT-PRINCE. LE régiment des Volontaires-Étrangers de Clermont-Prince, réduit par ordonnance du 15 août 1758, à douze cens hommes, dont huit cens à pied, & quatre cens à cheval, formant deux compagnies de Grenadiers de cinquante hommes, ſept compagnies de Fuſiliers de cent hommes, & huit compagnies de Cavalerie de cinquante hommes, ſera payé, ſavoir:

Compagnies de Grenadiers. Chacune des deux compagnies de Grenadiers, ſur le pied par jour, de ſix livres au Capitaine, trois livres au Lieutenant, trente ſols au Sous-lieutenant, treize ſols quatre deniers à chacun des deux Sergens, huit ſols deux deniers à chacun des trois Caporaux, ſept ſols deux deniers à chacun des trois Anſpeſſades, ſix ſols huit deniers à chacun des quarante-un Grenadiers, & ſept ſols deux

deniers

deniers au Tambour. Le Capitaine recevra de plus cinq payes de gratification de six sols huit deniers chacune, sa compagnie étant complète de cinquante hommes, & rien au dessous dudit nombre.

Chacune des sept compagnies de Fusiliers, sur le pied par jour, de cinq livres au Capitaine, cinquante sols au Capitaine en second, trente-trois sols quatre deniers au Lieutenant en premier, vingt-sept sols au Lieutenant en second, vingt-quatre sols au Sous-lieutenant, onze sols quatre deniers à chacun des quatre Sergens, douze sols deux deniers à chacun des quatre Cadets, neuf sols deux deniers au Fourrier, pareils neuf sols deux deniers au Capitaine d'armes, sept sols deux deniers à chacun des six Caporaux, six sols deux deniers à chacun des six Anspessades, sept sols deux deniers à chacun des deux Canonniers & deux Charpentiers, cinq sols huit deniers à chacun des soixante-douze Fusiliers, & sept sols deux deniers à chacun des deux Tambours. Le Capitaine recevra de plus douze payes de gratification de cinq sols huit deniers chacune, sa compagnie étant complète de cent hommes; onze à quatre-vingt-dix-neuf, dix à quatre-vingt-dix-huit, neuf à quatre-vingt-dix-sept, huit à quatre-vingt-quinze, sept à quatre-vingt-douze, & six à quatre-vingt-dix, ne devant rien toucher desdites payes de gratification, sa compagnie étant au dessous dudit nombre de quatre-vingt-dix hommes.

Chacune des huit compagnies de Cavalerie, sur le pied par jour, de six livres au Capitaine, trois livres au Lieutenant, quarante-cinq sols au Cornette, trente sols à chacun des deux Maréchaux-des-logis, neuf sols à chacun des quatre Brigadiers, quatorze sols à chacun des deux Cadets, sept sols à chacun des quarante-trois Cavaliers, & dix sols au Trompette ou Timbalier, où il doit y en avoir.

L'Etat-major de ce régiment, sera payé sur le pied par jour, de seize livres treize sols quatre deniers au Colonel-lieutenant, quatorze livres au Lieutenant-colonel, dix livres au Lieutenant-colonel en second, tant pour leur traitement en leurdite qualité, que pour leur tenir lieu de celui de Capitaine, ne devant point avoir de compagnie; huit livres au Major, trois livres six sols huit deniers à chacun des deux Aides-majors d'Infanterie, trois livres dix sols à chacun des deux Aides-majors de Cavalerie, trente sols à l'Aumônier, vingt sols au Chirurgien-major, trente sols au Maréchal-des-logis, quarante sols à l'Auditeur, pareils quarante sols au Prevôt, vingt sols au Greffier, & douze sols à chacun des deux Archers & à l'Exécuteur de Justice.

Quoique l'intention de Sa Majesté soit de fixer les appointemens des Colonels des régimens de Troupes légères, sur le pied ci-dessus de seize livres treize sols quatre deniers par jour, à commencer du premier avril de la présente année, Elle entend cependant que le Colonel-lieutenant du régiment des Volontaires-Étrangers de Clermont-Prince, jouisse des vingt-cinq livres par jour qui lui étoient attribuées ci-devant jusqu'au jour qu'il sera remplacé; au moyen de quoi les appointemens de son successeur seront réduits à la somme ci-dessus de seize livres treize sols quatre deniers.

RÉGIMENT des VOLONTAIRES LIÉGEOIS.

LE Régiment des Volontaires-Liégeois, créé par ordonnance du 15 août 1758, composé de six cens hommes, dont quatre cens à pied & deux cens à cheval, formant quatre compagnies de Fusiliers de cent hommes chacune, & un pareil nombre de compagnies de Cavalerie, de cinquante hommes, sera payé, savoir;

Compagnies d'Infanterie.

Chacune des quatre compagnies de Fusiliers, sur le pied par jour, de cinq livres au Capitaine, cinquante sols au Capitaine en second, trente-trois sols quatre deniers au Lieutenant en premier, vingt-sept sols au Lieutenant en second, vingt-quatre sols au Sous-lieutenant, onze sols quatre deniers à chacun des quatre Sergens, neuf sols deux deniers au Fourrier, pareils neuf sols deux deniers au Capitaine d'armes, sept sols deux deniers à chacun des six

Caporaux, six sols deux deniers à chacun des six Anspessades, six sols huit deniers à chacun des dix Grenadiers, cinq sols huit deniers à chacun des soixante-dix Fusiliers, & sept sols deux deniers à chacun des deux Tambours.

Le Capitaine recevra de plus douze payes de gratification de cinq sols huit deniers chacune, sa compagnie étant complète de cent hommes ; onze à quatre-vingt-dix-neuf, dix à quatre-vingt-dix-huit, neuf à quatre-vingt-dix-sept, huit à quatre-vingt-quinze, sept à quatre-vingt-douze, & six à quatre-vingt-dix, & rien au dessous dudit nombre de quatre-vingt-dix hommes.

Chacune des quatre compagnies de Cavalerie, sur le pied par jour, de six livres au Capitaine, trois livres au Lieutenant, quarante-cinq sols au Cornette, trente sols à chacun des deux Maréchaux-des-logis, neuf sols à chacun des quatre Brigadiers, sept sols à chacun des quarante-cinq Cavaliers, & dix sols au Trompette ou Timbalier. *Compagnies de Cavalerie.*

L'État-major de ce régiment, sera payé sur le pied par jour, de seize livres treize sols quatre deniers au Colonel, dix livres au Lieutenant-colonel, tant pour leurs appointemens en ladite qualité, qu'en celle de Capitaine, ne devant point avoir de compagnie ; huit livres au Major, trois livres dix sols à l'Aide-major de Cavalerie, trois livres six sols huit deniers à celui d'Infanterie, trente sols à l'Aumônier, & vingt sols au Chirurgien. *État-major.*

Le Régiment des Volontaires-Étrangers, commandé par le sieur de Vignolles, formé en conséquence de l'ordonnance du 27 janvier 1759, des second & troisième bataillons des Volontaires-Étrangers, & composé, à commencer du premier mars 1759, d'un seul bataillon de sept cens hommes, en dix-sept compagnies, dont une de Grenadiers de soixante hommes, & seize de Fusiliers de quarante, sera payé sur le pied ci-après, savoir, *RÉGIMENT des VOLONTAIRES ÉTRANGERS de VIGNOLLES.*

La compagnie de Grenadiers, composée d'un Capitaine, un Lieutenant, un Lieutenant en second, trois Sergens, trois Caporaux, trois Anspessades, quarante-neuf *Compagnie de Grenadiers.*

Grenadiers, un Fifre & un Tambour, à raison de cent livres par mois au Capitaine, soixante-six livres au Lieutenant, cinquante livres au Lieutenant en second, & de treize livres par homme aussi par mois.

Le Capitaine recevra de plus neuf payes de gratification de treize livres chacune, sa compagnie devant toûjours être complète au nombre de soixante.

Compagnies de Fusiliers. Chaque compagnie de Fusiliers, composée d'un Capitaine, un Lieutenant, un Lieutenant en second, deux Sergens, trois Caporaux, trois Anspessades, un Tambour, un Fifre & trente Fusiliers, sera payée par mois, à raison de quatre-vingt-dix livres au Capitaine, soixante livres au Lieutenant, cinquante livres au Lieutenant en second, & de treize livres par homme aussi par mois.

Le Capitaine recevra de plus six payes de gratification de treize livres chacune, sa compagnie étant complète à quarante hommes, quatre à trente-huit, deux à trente-six, & rien au dessous dudit nombre de trente-six hommes.

Veut Sa Majesté, qu'au moyen du traitement ci-dessus, chaque Capitaine soit tenu d'entretenir sa troupe d'habillement, d'équipement & d'armement; de payer la solde de sa compagnie, y compris les Sergens, Haute-payes & Grenadiers, sans aucune retenue, sous quelque prétexte que ce soit, & de la maintenir au nombre d'hommes auquel elle est fixée.

État-major. L'État-major sera payé à raison par mois de cinq cens livres au Colonel, trois cens livres au Lieutenant-colonel, pareilles trois cens livres au Lieutenant-colonel en second, lesquels ne doivent point avoir de compagnie; deux cens quarante livres au Major, cent livres à l'Aide-major, quatre-vingt-dix livres au Sous-aide-major, quarante-cinq livres à l'Aumônier, & cinquante livres au Chirurgien.

Officiers réformés. Les Officiers qui, par la nouvelle formation de ce régiment, se sont trouvés d'excédans, & que Sa Majesté a bien voulu entretenir à la suite dudit régiment en
qualité

qualité d'Officiers réformés, chacun suivant leur grade, seront payés sur le pied de cinq cens livres par an à chaque Capitaine, trois cens livres à chaque Lieutenant, & deux cens livres à chaque Lieutenant en second.

LE régiment Royal-Cantabres, composé par ordonnance du 13 janvier 1759, d'un bataillon de six cens quatre hommes, en neuf compagnies, dont une de Grenadiers de cinquante-six hommes, & huit de Fusiliers de soixante-huit hommes chacune, sera payé sur le pied par jour, savoir; *RÉGIMENT ROYAL-CANTABRES.*

La compagnie de Grenadiers, de six livres au Capitaine, quarante sols au Lieutenant, trente-trois sols quatre deniers au Lieutenant en second, douze sols quatre deniers à chacun des deux Sergens, onze sols deux deniers au Fourrier, dix sols deux deniers au Capitaine d'armes, huit sols huit deniers à chacun des quatre Caporaux, sept sols huit deniers à chacun des quatre Anspessades, & six sols huit deniers à chacun des quarante-trois Grenadiers & un Tambour. *Compagnie de Grenadiers.*

Le Capitaine recevra de plus six payes de gratification de six sols huit deniers chacune, sa compagnie devant être toûjours complète, en exécution de l'ordonnance du 22 octobre 1758.

Chaque compagnie de soixante-huit hommes, à raison de cinq livres au Capitaine en pied, dont trente-trois sols quatre deniers de supplément; quarante sols au Lieutenant, dont cinq sols de supplément; trente-trois sols quatre deniers au Lieutenant en second, dont trois sols quatre deniers de supplément; onze sols quatre deniers à chacun des trois Sergens, dix sols deux deniers au Fourrier, neuf sols deux deniers au Capitaine d'armes, sept sols deux deniers à chacun des quatre Caporaux, six sols huit deniers à chacun des quatre Anspessades, & cinq sols huit deniers à chacun des cinquante-quatre Fusiliers & un Tambour. *Compagnies de soixante-huit hommes.*

Le Capitaine, outre ses appointemens, recevra sept payes de gratification de cinq sols huit deniers chacune, *Payes de gratification.*

fa compagnie étant complète de soixante-huit hommes, cinq à soixante-six, trois à soixante-quatre, une à soixante-deux, & rien au deſſous dudit nombre de soixante-deux hommes.

Les quatre Capitaines en ſecond, qui, par la nouvelle compoſition de ce régiment, ſe ſont trouvés d'excédant, ſeront employés en leurdite qualité aux quatre premières compagnies de Fuſiliers, & ſeront payés de leurs appointemens, ſur le pied de cinquante-ſix ſols huit deniers par jour, juſqu'à ce qu'ils ſoient pourvûs de compagnies.

État-major.

L'État-major de ce régiment, ſera payé ſur le pied par jour, de ſeize livres treize ſols quatre deniers au Colonel-lieutenant, dix livres au Lieutenant-colonel qui n'auront plus de compagnie, ſix livres au Major, trois livres ſix ſols huit deniers à l'Aide-major, y compris ſix ſols huit deniers de ſupplément; trente ſols à l'Aumônier, vingt ſols au Chirurgien, & douze ſols à chacun des quatre Tambourins.

Corps des Chasseurs de Fischer. Compoſition.

Le Corps des Chaſſeurs de Fiſcher, compoſé de douze cens hommes, en conſéquence de l'ordonnance du 8 juillet 1757, en ſeize compagnies, dont huit d'Infanterie de ſoixante-quinze hommes chacune, & huit de Cavalerie de même nombre, ſera payé ſur le pied par jour, ſavoir;

Compagnies d'Infanterie de ſoixante-quinze hommes.

Chacune des compagnies d'Infanterie, de ſoixante-quinze hommes, à raiſon de cinquante-ſix ſols huit deniers au Capitaine en ſecond, dont ſix ſols huit deniers de ſupplément; quarante ſols au premier Lieutenant, dont cinq ſols de ſupplément; trente-trois ſols quatre deniers au ſecond Lieutenant, dont trois ſols quatre deniers de ſupplément; vingt ſols à chacun des quatre Sergens, ſeize ſols à chacun des ſix Caporaux, quatorze ſols à chacun des ſix Anſpeſſades & des ſix Grenadiers, & dix ſols à chacun des cinquante-trois Chaſſeurs.

Compagnies de Cavalerie de ſoixante-quinze hommes.

Chacune des compagnies de Cavalerie, de ſoixante-quinze hommes, à raiſon de quatre livres au premier Capitaine en ſecond, dont treize ſols quatre deniers de ſupplément; cinquante-ſix ſols huit deniers au ſecond

Capitaine en second, dont six sols huit deniers de supplément; cinquante sols au premier Lieutenant, dont cinq sols de supplément; quarante sols au second Lieutenant, vingt-six sols huit deniers à chacun des deux Maréchaux-des-logis, seize sols à chacun des six Brigadiers, & dix sols à chacun des soixante-neuf Chasseurs.

L'État-major dudit Corps, sera payé sur le pied par jour, savoir; de quinze livres au sieur Fischer, tant en sa qualité de Commandant, que de Capitaine en premier des compagnies à pied & à cheval; dix livres au Lieutenant-colonel, six livres au Major, trois livres six sols huit deniers à chacun des deux Aides-majors, trente sols à l'Aumônier, vingt sols au Chirurgien, & pareils vingt sols au Prevôt. *État-major.*

Les Surnuméraires que Sa Majesté a autorisé le sieur Fischer d'admettre dans ledit Corps, par son ordonnance particulière du 15 août 1757, continueront d'être payés de leur solde sur le pied de dix sols chacun par jour, suivant les revûes des Commissaires des guerres, en observant de ne point excéder le nombre de huit cens hommes fixé par ladite ordonnance, sans aucune haute-paye ni autre dépense pour Sa Majesté, tant qu'Elle jugera à propos de laisser subsister lesdits Surnuméraires au-delà des douze cens hommes à quoi Elle a fixé ledit Corps par son ordonnance du 8 juillet 1757. *Surnuméraires.*

Entend Sa Majesté qu'au moyen du traitement ci-dessus, le sieur Fischer sera chargé de l'habillement, armement, équipement & entretien desdits Chasseurs, tant à pied qu'à cheval.

LE régiment des Volontaires d'Alsace, composé de quatre cens vingt hommes, en conséquence de l'ordonnance du premier février 1758, en six compagnies de soixante-dix hommes chacune, dont quarante d'Infanterie & trente Dragons, sera payé sur le pied, savoir; *RÉGIMENT des VOLONTAIRES D'ALSACE, ci-devant BÉYERLÉ. Composition. Compagnies de soixante-dix hommes, dont*

Chaque compagnie, à raison de six livres par jour au Capitaine en pied ou titulaire, dont vingt sols de supplément : Pour la partie de l'Infanterie, de trois livres au quarante d'In-
fanterie & trente
Dragons.
Infanterie.
Payes de
gratification.

Capitaine en second, quarante sols au Lieutenant ; & le Capitaine titulaire recevra pour la solde de quarante hommes à pied, treize livres par mois ; & pareilles treize livres, aussi par mois, pour chacune des cinq payes de gratification, dont une de supplément, sa compagnie étant complète de quarante hommes, trois à trente-neuf, deux à trente-huit, & rien au dessous dudit nombre de trente-huit hommes.

Dragons. Il sera payé au Capitaine en second de Dragons, trois livres dix sols par jour, cinquante sols au Lieutenant, vingt-six sols huit deniers au Maréchal-des-logis, neuf sols à chacun des deux Brigadiers, & sept sols à chacun des vingt-sept Dragons & au Tambour ou Trompette.

État-major. L'État-major de ce régiment, sera payé sur le pied par jour, savoir ; de seize livres treize sols quatre deniers au Colonel, de dix livres au Lieutenant-colonel, tant pour leurs appointemens en ladite qualité, que pour leur tenir lieu de ceux de Capitaine ; six livres au Major, trois livres dix sols à l'Aide-major, trente sols à l'Aumônier, & vingt sols au Chirurgien.

Enseigne &
Cornette pour
porter le dra-
peau & l'éten-
dard. Il sera de plus entretenu un Enseigne & un Cornette audit régiment, pour porter le drapeau & l'étendard, & il sera payé trente sols par jour d'appointemens à l'Enseigne, & quarante sols au Cornette.

FUSILIERS
de
MONTAGNE. LE Corps des Fusiliers de Montagne, composé de cent vingt hommes, en trois compagnies de quarante hommes chacune, sera payé, savoir ;

Compagnies. Chaque compagnie sur le pied par jour, de quatre livres au Capitaine en premier, dont vingt sols de supplément ; trois livres au Capitaine en second, dont dix sols de supplément ; trente-trois sols quatre deniers au Lieutenant, y compris trois sols quatre deniers de supplément ; quinze sols à chacun des trois Brigadiers, onze sols à chacun des trois Sous-brigadiers, & neuf sols à chacun des trente-trois Fusiliers & au Tambour.

Il sera retenu pour l'habillement, armement & équipement desdites trois compagnies, quatre sols par jour

sur

sur la solde de chaque Brigadier, trois sols sur celle de chaque Sous-brigadier, & deux sols sur celle de chaque Fusilier & Tambour : Mais comme cette retenue ne peut avoir lieu sur la solde que pour le nombre d'hommes dont les compagnies se trouveront composées aux revûes des Commissaires des guerres, ce qui opéreroit un vuide au Capitaine dans les fonds destinés aux réparations de sa troupe ; & Sa Majesté voulant y suppléer, Elle veut bien prendre sur son compte les deux sols affectés à l'habillement, équipement & armement de chacun des Fusiliers qui manqueront aux revûes, afin que cela compose une somme toûjours égale, sans avoir égard aux hommes qui pourroient manquer dans les compagnies, pour composer à la fin de l'année une Masse complète sur le pied ci-dessus, laquelle demeurera entre les mains du Trésorier général de l'Extraordinaire des guerres, pour être payée sur la main-levée d'un Inspecteur d'Infanterie ; au moyen de quoi, chaque Capitaine sera chargé de l'entretien général de sa troupe.

L'État-major dudit Corps de Fusiliers de Montagne, *État-major.* sera payé à raison par jour, de six livres treize sols quatre deniers au Commandant, dont trente-trois sols quatre deniers de supplément, tant pour ses appointemens en ladite qualité, que pour lui tenir lieu de ceux de Capitaine, ne devant être attaché à aucune compagnie ; & trois livres six sols huit deniers à l'Aide-major, y compris seize sols huit deniers de supplément.

LA compagnie de Fusiliers-guides, créée par ordon- *COMPAGNIE* nance du 26 décembre 1756, composée de vingt-cinq *de* hommes, dont treize à pied & douze à cheval, sera *FUSILIERS-* payée à raison par jour, de quatre livres au Capitaine, *GUIDES.* vingt-sept sols huit deniers au Lieutenant, vingt sols au Lieutenant en second, treize sols quatre deniers à chacun des deux Sergens, dont un à cheval ; dix sols huit deniers à chacun des deux Caporaux, dont un à cheval ; huit sols huit deniers à l'Anspessade, & six sols huit deniers à chacun des vingt Fusiliers-guides, dont dix à

Payes de gratification.

cheval. Le Capitaine recevra de plus deux payes de gratification de fix fols huit deniers chacune, la compagnie étant complète de vingt-cinq hommes.

MASSE des Troupes légères.

Outre la folde ci-deffus réglée pour les régimens des Volontaires de Flandre & du Haynault, la Légion Royale, les régimens des Volontaires du Dauphiné & de Royal-Cantabres, le régiment des Volontaires de Clermont-Prince & celui des Volontaires Liégeois, les troupes à cheval du régiment des Volontaires d'Alface & la compagnie de Fufiliers-guides, il fera payé vingt-quatre deniers par jour pour chaque Sergent & Maître-ouvrier, dont quatre deniers d'augmentation ; & douze deniers, dont deux d'augmentation, pour chaque Caporal, Anfpeffade, Grenadier, Fufilier, Ouvrier, Brigadier, Sous-brigadier, Volontaire, Cavalier, Dragon, Fufilier-guide à pied ou à cheval, Trompette, Timbalier & Tambour, pour former une Maffe toûjours complète par année, laquelle reftera entre les mains du Tréforier général de l'Extraordinaire des guerres, pour être délivrée & employée, comme il eft réglé à l'article de la Maffe de l'Infanterie françoife ; Sa Majefté voulant que ladite Maffe ait lieu au complet, ainfi qu'elle eft fixée ci-deffus, pour tous lefdits Corps.

Entend Sa Majefté, que fur la paye des Sergens, Caporaux, Anfpeffades, Grenadiers, Fufiliers & Tambours, il en foit affecté à l'entretien du linge & chauffure, favoir ; feize deniers pour chaque Sergent, dont quatre deniers de fupplément ; & huit deniers auffi par jour, dont deux deniers de fupplément, pour chaque Caporal, Anfpeffade, Grenadier, Fufilier & Tambour, tant des troupes d'Infanterie françoife & de la Milice, que des troupes légères.

V.

INFANTERIE SUISSE ET GRISONNE.

SUISSES & GRISONS. Compagnies.

LES compagnies des régimens Suiffes & Grifons, qui ont été ou feront mis à la folde de guerre, en vertu des ordonnances particulières que Sa Majesté en a fait ou en fera expédier, recevront cette solde jusqu'à ce qu'Elle en ordonne autrement, sur le pied de dix-sept livres huit sols pour chaque homme par mois, les Officiers compris, & pour chacune des quarante payes de gratification que Sa Majesté accorde au Capitaine, à tel nombre d'hommes que sa compagnie passe aux revûes des Commissaires des guerres, sur laquelle solde il sera retenu deux sols pour chacune des rations de pain de munition qui seront fournies auxdites compagnies, suivant les revûes des Commissaires des guerres préposés à cet effet. *Payes de gratification. Retenue pour le pain.*

L'État-major de chacun des régimens Suisses & Grisons, qui sera à la paye de guerre, sera payé à raison de dix-neuf cens soixante livres huit sols par mois, au lieu de mille livres, aussi par mois, qu'il reçoit lorsque les régimens sont à la solde de paix. *État-major.*

A l'égard de ceux desdits régimens, auxquels Sa Majesté n'aura point accordé d'ordre particulier pour être mis à la solde de guerre, ils continueront d'être payés en conformité de ce qui est réglé par l'ordonnance du 1.er avril dernier. *Solde de garnison.*

<h2 style="text-align:center">V I.</h2>

INFANTERIE ÉTRANGÉRE.

CEUX des régimens d'Infanterie Allemande d'Alsace, d'Anhalt, la Marck, Royal-Suédois, Royal-Bavière, Lowendal, Bergh, du Prince Louis de Nassau, la Dauphine, Saint-Germain, & Royal-Pologne, celui de Bouillon créé sur le pied étranger, & ceux d'Infanterie Liégeoise de Vierzet & d'Horion, qui ont été ou seront mis à la solde de guerre, en vertu des ordonnances particulières que Sa Majesté en a fait ou fera expédier, recevront cette solde, jusqu'à ce qu'Elle en ordonne autrement, sur le pied de quatorze livres dix sols par mois, par homme, & pour chacune des treize payes de gratification que Sa Majesté accorde à chaque Capitaine, sa compagnie étant complète au nombre de quatre-vingt-cinq *ALLEMANDS. Douze régimens. Solde de guerre. Payes de gratification.*

hommes, neuf payes à quatre-vingt-trois, sept à quatre-vingt-un, cinq à quatre-vingt, & rien au dessous dudit nombre de quatre-vingts hommes.

Chaque Capitaine doit entretenir & payer dans sa compagnie, un premier Sergent à treize sols par jour, deux autres Sergens à douze sols chacun, un Fourrier & un Capitaine d'armes à neuf sols chacun, un Fourrier-schutz à huit sols, trois Caporaux, un Charpentier de profession, & deux Tambours à sept sols chacun, six Anspessades & six Grenadiers à six sols chacun, & soixante-un Fusiliers à cinq sols six deniers chacun; sur laquelle *Retenue pour le pain.* solde il sera retenu à chaque compagnie, deux sols par ration de pain de munition qui leur sera fourni pendant la campagne seulement, sans que les Officiers soient obligés d'en prendre.

État-major des régimens Allemands. Les Officiers des compagnies & de l'État-major de chacun desdits régimens d'Infanterie Allemande & Liégeoise, continueront d'être payés de leurs appointemens, en campagne, sur le pied réglé par l'ordonnance du 1.er avril dernier.

Appointemens conservés aux anciens Commandans des bataillons réformés. Les Commandans des bataillons, qui ont été réformés en 1748 & 1749, & qui ont passé avec leur compagnie dans les bataillons restés sur pied, continueront de jouir, indépendamment de leur traitement de Capitaine, des mêmes appointemens de soixante livres par mois, qu'ils avoient en ladite qualité de Commandant de bataillon, & ce, jusqu'à ce qu'ils soient remplacés.

Colonels & Lieutenans-colonels réformés à la suite des régimens Allemands. Les Colonels & Lieutenans-colonels réformés à la suite desdits régimens d'Infanterie allemande, seront payés, en servant en campagne & en passant présens aux revûes des Commissaires des guerres, sur le pied par mois, de cent livres à chaque Colonel, de quatre-vingt-trois livres six sols huit deniers à chaque Lieutenant-colonel; à l'exception de ceux desdits Colonels & Lieutenans-colonels auxquels il a été expédié des ordres par lesquels il leur est réglé un traitement particulier, dont ils continueront de jouir en campagne comme pendant l'hiver.

A

A l'égard des Capitaines réformés qui serviront en campagne à la suite desdits régimens, ils seront payés, à raison de cinquante livres par mois.

Capitaines réformés à la suite desdits régimens Allemands.

LE régiment Royal-Deux-Ponts, composé de quatre bataillons, au moyen d'un bataillon d'augmentation, levé par ordonnance du 25 février 1758, continuera de jouir de la paye de Guerre jusqu'à ce que Sa Majesté en ordonne autrement, sur le pied de quatorze livres dix sols par mois par homme; & pour chacune des seize payes de gratification que Sa Majesté accorde au Capitaine, sa compagnie étant complète au nombre de cent treize hommes aux revûes des Commissaires ordinaires des guerres, quatorze à cent onze, douze à cent neuf, dix à cent sept, huit à cent cinq, & rien au dessous dudit nombre de cent cinq hommes.

RÉGIMENT ROYAL-DEUX-PONTS.

Entend Sa Majesté que chaque Capitaine entretienne & paye dans sa compagnie un premier Sergent à treize sols par jour, deux autres à douze sols chacun, un quatrième à onze sols, un Fourrier & un Capitaine d'armes à neuf sols chacun, un Fourrier-schutz à huit sols, quatre Caporaux, un Charpentier de profession & trois Tambours à sept sols chacun, huit Anspessades & huit Grenadiers à six sols, & quatre-vingt-deux Fusiliers à cinq sols six deniers chacun par jour.

Sur laquelle solde il sera retenu à chaque compagnie, deux sols par ration de pain de munition qui leur sera fournie pendant la campagne seulement, sans que les Officiers soient obligés d'en prendre.

Retenue pour le pain.

Les Officiers des compagnies & de l'État-major dudit régiment, continueront d'être payés de leurs appointemens en campagne, sur le pied réglé par l'ordonnance du 1.er avril dernier.

Officiers des compagnies & État-major.

A l'égard de la retenue à titre de Masse, elle continuera d'avoir son exécution pour tous les régimens d'Infanterie allemande & liégeoise, suivant ce qui est porté par l'ordonnance de solde du 1.er avril dernier, tant pour la solde de paix que pour la solde de guerre.

Retenue pour la Masse des régimens Allemands & Liégeois.

I

Les régimens Royal-Italien & Royal-Corse, composés chacun de six cens quatre-vingt-cinq hommes, en neuf compagnies, dont une de Grenadiers de quarante-cinq hommes, & huit de Fusiliers de quatre-vingts hommes, seront payés en servant en campagne, savoir;

Compagnie de Grenadiers.

La compagnie de Grenadiers, sur le pied par jour, de cinq livres seize sols huit deniers au Capitaine, y compris deux livres seize sols huit deniers de supplément; deux livres seize sols huit deniers au Lieutenant, y compris vingt-quatre sols huit deniers de supplément; trente-trois sols quatre deniers au Lieutenant en second, y compris treize sols quatre deniers de supplément; quinze sols au premier Sergent, dont deux sols six deniers de supplément; onze sols à chacun des deux autres, dont deux sols six deniers de supplément; huit sols dix deniers à chacun des trois Caporaux, dont deux sols dix deniers de supplément; sept sols cinq deniers à chacun des cinq Anspessades, dont deux sols cinq deniers de supplément; six sols à chacun des trente-trois Grenadiers, dont deux sols de supplément; & sept sols cinq deniers au Tambour, dont deux sols cinq deniers de supplément. Le Capitaine recevra de plus huit payes de gratification de huit sols chacune,

Payes de gratification.

dont deux de supplément, sa compagnie étant complete de quarante-cinq hommes, & rien au dessous dudit nombre.

Compagnies de Fusiliers.

Les huit compagnies de Fusiliers de chacun de ces deux régimens, seront payées en campagne sur le pied, savoir;

Chacun des deux Capitaines des deux premières compagnies, sur le pied par jour, de cinq livres, dont cinquante sols de supplément.

Chacun des Capitaines des deux compagnies qui suivent par leur rang, sur le pied par jour, de quatre livres dix sols, dont quarante sols de supplément.

Et chacun des Capitaines des quatre dernières compagnies, sur le pied de quatre livres trois sols quatre deniers, dont trente-trois sols quatre deniers de supplément.

Quant aux autres Officiers desdites compagnies de Fusiliers, ils seront payés sur le pied par jour, de cinquante fols au Capitaine en fecond, dont vingt fols de fupplément; trente-fix fols huit deniers au Lieutenant en premier, dont feize fols huit deniers de fupplément; vingt-fix fols huit deniers au Lieutenant en fecond, dont onze fols huit deniers de fupplément; quatorze fols au premier Sergent, dont deux fols de fupplément; dix fols à chacun des quatre autres, dont deux fols de fupplément; fept fols dix deniers à chacun des cinq Caporaux, dont deux fols de fupplément; fix fols cinq deniers à chacun des fept Anfpeffades, dont un fol onze deniers de fupplément; cinq fols fix deniers à chacun des quinze Appointés, dont un fol neuf deniers de fupplément; cinq fols à chacun des quarante-fix Fufiliers, dont un fol fix deniers de fupplément; & fix fols cinq deniers à chacun des deux Tambours, dont un fol onze deniers de fupplément.

Le Capitaine en pied recevra en outre douze payes de gratification de fept fols chacune, dont deux de fupplément, fa compagnie étant complète de quatre-vingts hommes, huit à foixante-dix-huit, fix à foixante-dix-fept, quatre à foixante-feize, deux à foixante-quinze, & rien au deffous dudit nombre de foixante-quinze hommes.

L'État-major de chacun des régimens Royal-Italien & Royal-Corfe, fera payé fur le pied par jour, de vingt-neuf livres trois fols quatre deniers au Colonel, dont quatorze livres trois fols quatre deniers de fupplément; onze livres trois fols quatre deniers au Lieutenant-colonel, dont cinq livres trois fols quatre deniers de fupplément, tant pour leurs appointemens en leurdite qualité qu'en celle de Capitaine, ne devant point avoir de compagnie; neuf livres trois fols quatre deniers au Major, dont quatre livres trois fols quatre deniers de fupplément; cinq livres à l'Interprète, trois livres dix fols à l'Aide-major, dont trente fols de fupplément; trente fols au Maréchal-des-logis, dont quinze fols de fupplément; quarante fols à l'Aumônier, dont vingt fols de fupplément; quinze fols au Chirurgien, dont fept fols fix deniers de fupplément; huit fols au Tambourmajor, dont trois fols de fupplément; trente-deux fols au

États-majors de Royal-Italien & Royal-Corfe.

Prevôt, dont douze fols de fupplément ; quatorze fols à fon Lieutenant, dont quatre fols de fupplément ; huit fols fix deniers au Greffier, dont deux fols trois deniers de fupplément ; & fix fols quatre deniers à chacun des cinq Archers & à l'Exécuteur de juftice, dont deux fols deux deniers de fupplément.

Colonel en fecond de Royal-Corfe. Le Colonel en fecond du régiment Royal-Corfe, fera payé de fes appointemens, en fervant en campagne, fur le pied par jour, de quatre livres quatorze fols cinq deniers un tiers, dont trois livres quatorze fols cinq deniers un tiers de fupplément.

Capitaines réfor- més du régiment Royal-Italien, qui ont eu Troupe. Les deux derniers Capitaines du régiment Royal-Italien, qui, par fa nouvelle compofition, fe font trouvés fans compagnie, & font attachés aux premières compagnies de Fufiliers, où ils tiennent lieu de Capitaine en fecond, recevront, en fervant en campagne, chacun quatre livres trois fols quatre deniers, dont trente-trois fols quatre deniers de fupplément.

Capitaines en fecond ou réfor- més du régiment Royal-Italien. Les Capitaines en fecond ou réformés, actuellement attachés audit régiment Royal-Italien, qui fe trouveront d'excédant au nombre de huit Capitaines en fecond, ci-deffus employés aux compagnies de Fufiliers, y rempli-ront la troifiéme place d'Officier, fous le titre de fecond Capitaine en fecond, pour y tenir lieu de Lieutenant & en faire les fonctions, aux mêmes appointemens de cinquante fols par jour, ci-deffus réglés aux Capitaines en fecond ; lefquelles places de feconds Capitaines en fecond, ne feront remplies, à mefure qu'elles deviendront vacantes, que par des Lieutenans, aux appointemens de trente-fix fols huit deniers chacun par jour, pendant qu'ils ferviront en campagne.

Commandans des fecond & troifiéme batail- lons réformés de Royal-Italien. Les Commandans des fecond & troifiéme bataillons réformés dudit régiment Royal-Italien, qui ont paffé avec leur compagnie dans le bataillon refté fur pied, conti-nueront de jouir, indépendamment de leurs appointemens ci-deffus de Capitaine, des quarante fols qu'ils avoient chacun par jour en ladite qualité de Commandant de bataillon,

bataillon, & ce, jusqu'à ce qu'ils soient nommés à un grade dont le traitement ne sera point inférieur.

Les Officiers réformés qui auront ordre de servir à la suite des régimens Royal-Italien & Royal-Corse, seront payés en campagne sur le pied par jour, de trois livres à chaque Colonel, cinquante sols à chaque Lieutenant-colonel, trente sols à chaque Capitaine, & quinze sols à chaque Lieutenant. *Officiers réformés de Royal-Italien & Royal-Corse.*

Entend Sa Majesté que la retenue qui doit être faite de l'excédant de solde pour tenir lieu de Masse, & servir à l'habillement des Soldats des régimens Royal-Italien & Royal-Corse, reste entre les mains du Major de chaque régiment, pour être délivrée aux Capitaines, ainsi qu'il est réglé par l'ordonnance du 1.er avril dernier. *Retenue pour l'habillement des Soldats de Royal - Italien & Royal-Corse.*

LES régimens d'Infanterie irlandoise de Bulkeley, Clare, Dillon, Roothe & Berwick, & ceux d'Infanterie écossoise de Royal-Écossois & d'Ogilvy, composés chacun d'un bataillon de sept cens cinq hommes en treize compagnies, dont une de Grenadiers de quarante-cinq hommes, & douze de Fusiliers de cinquante-cinq hommes chacune, seront payés de leurs appointemens & solde, en servant en campagne, savoir; *RÉGIMENS IRLANDOIS & ÉCOSSOIS.*

La compagnie de Grenadiers, sur le pied par jour, de cinq livres seize sols huit deniers au Capitaine, y compris deux livres seize sols huit deniers de supplément; trois livres trois sols quatre deniers au Capitaine en second, dont treize sols quatre deniers de supplément; trois livres au Lieutenant, dont vingt-cinq sols de supplément; trente sols au Lieutenant en second, dont douze sols de supplément; seize sols au premier Sergent; douze sols au second, dont deux sols de supplément; neuf sols six deniers à chacun des trois Caporaux, dont deux sols six deniers de supplément; huit sols six deniers à chacun des trois Anspessades, dont deux sols de supplément; & sept sols six deniers à chacun des trente-six Grenadiers & au Tambour, dont un sol six deniers de supplément. Le Capitaine *Compagnie de Grenadiers.*

recevra de plus cinq payes de gratification de neuf sols six deniers chacune, dont deux de supplément, sa compagnie étant complète de quarante-cinq hommes, & rien au dessous dudit nombre.

Compagnies de Fusiliers. Les douze compagnies de Fusiliers de chacun desdits régimens, seront payées, savoir ;

Aux trois Capitaines des trois premières compagnies, sur le pied par jour, de cinq livres, dont cinquante sols de supplément.

Chacun des Capitaines des trois compagnies qui suivent par leur rang, sur le pied par jour, de quatre livres dix sols, dont quarante sols de supplément.

Et chacun des Capitaines des six dernières compagnies, sur le pied par jour, de quatre livres trois sols quatre deniers, dont trente-trois sols quatre deniers de supplément.

Quant aux autres Officiers desdites compagnies, ils seront payés sur le pied par jour, de cinquante sols au Capitaine en second, trente-six sols huit deniers au Lieutenant, dont quatorze sols deux deniers de supplément ; vingt-six sols huit deniers au Lieutenant en second, dont huit sols huit deniers de supplément ; quinze sols au premier Sergent, onze sols à chacun des deux autres, dont deux sols de supplément ; huit sols six deniers à chacun des quatre Caporaux, dont deux sols de supplément ; sept sols six deniers à chacun des quatre Anspessades, dont un sol six deniers de supplément ; & six sols six deniers à chacun des quarante-trois Fusiliers & au Tambour, dont un sol de supplément. Le Capitaine recevra de plus sept payes de gratification de huit sols six deniers chacune, dont deux de supplément, sa compagnie étant complète de cinquante-cinq hommes ; quatre à cinquante-quatre, trois à cinquante-trois, une à cinquante-deux, & rien au dessous dudit nombre de cinquante-deux hommes.

Enseignes. Chacun des deux Enseignes, pour porter les drapeaux qu'il y a dans chaque régiment d'Infanterie irlandoise & écossoise, recevra vingt-neuf sols quatre deniers par jour, dont onze sols quatre deniers de supplément.

L'État-major de chacun desdits régimens de Bulkeley, Clare, Dillon, Roothe, Berwick, Royal-Écossois & Ogilvy, sera payé sur le pied par jour, de dix-sept livres dix sols au Colonel, tant pour ses appointemens en ladite qualité, que pour lui tenir lieu de ceux de Capitaine, ne devant point avoir de compagnie, dans lesquels appointemens est compris un supplément de huit livres six sols huit deniers pour ceux des régimens de Bulkeley, Clare, Dillon, Royal-Écossois & Ogilvy, & de onze livres cinq sols pour ceux des régimens de Roothe & Berwick ; onze livres un sol un denier un tiers au Lieutenant-colonel de chacun desdits régimens, aussi sans compagnie, dont cinq livres deux sols deux deniers deux tiers de supplément ; sept livres dix sols au Major, dont quatre livres trois sols quatre deniers de supplément ; cinquante-six sols huit deniers à l'Aide-major, y compris vingt-six sols huit deniers de supplément ; quarante sols à l'Aumônier, dont vingt sols de supplément ; trente sols au Chirurgien, dont quinze sols de supplément ; pareils trente sols au Maréchal-des-logis, dont quinze sols de supplément pour ceux des régimens de Bulkeley, Clare, Dillon, Royal-Écossois & Ogilvy ; & dix-sept sols six deniers pour ceux de Roothe & de Berwick ; cinq livres à l'Interprète de chacun desdits régimens, & pareilles cinq livres au second Interprète attaché au régiment Royal-Écossois par l'article III de l'ordonnance du 20 décembre 1748, concernant l'incorporation du régiment d'Albanie.

La Prevôté qui est en chacun desdits régimens de Roothe & de Berwick, sera payée sur le pied par jour, de dix-huit sols huit deniers au Prevôt, dont cinq sols quatre deniers de supplément ; sept sols quatre deniers à son Lieutenant, dont huit deniers de supplément ; quatre sols quatre deniers au Greffier, dont deux deniers de supplément ; & trois sols à chacun des cinq Archers & à l'Exécuteur de Justice, dont six deniers de supplément.

Les Colonels & Lieutenans-colonels desdits sept régimens Irlandois & Écossois, continueront de jouir chacun de la pension attachée à leur charge; au moyen de quoi, le Colonel de chaque régiment ne pourra rien retenir sur la solde & masse des Sergens, Caporaux, Anspessades, Grenadiers, Soldats & Tambours qui doivent recevoir leur paye entière, à la déduction seulement de ce qui sera mis à la Masse pour leur habillement.

Cadets. Sa Majesté ayant bien voulu permettre qu'il soit entretenu douze Cadets dans chacun desdits régimens Irlandois & Écossois, qui tiendront lieu de pareil nombre de Soldats, son intention est que lesdits Cadets continuent de recevoir pendant la campagne, le supplément de paye de quatre sols six deniers par jour, qui leur est réglé par l'ordonnance du 1.er avril dernier, en passant présens aux revûes des Commissaires des guerres.

Officiers réformés à la suite des régimens Irlandois & Écossois. Les Officiers réformés qui auront ordre de servir en campagne à la suite desdits régimens Irlandois & Écossois, y seront payés de leurs appointemens, en passant présens aux revûes des Commissaires des guerres, sur le pied par jour, de trois livres à chaque Colonel, cinquante sols à chaque Lieutenant-colonel, quarante sols à chaque Capitaine, & dix-huit sols à chaque Lieutenant, indépendamment de ceux desdits Officiers réformés, qui se trouveront encore employés à la suite des régimens Royal-Écossois & d'Ogilvy, provenant de l'incorporation qui y a été faite de celui d'Albanie, lesquels seront payés en campagne, en passant présens aux revûes des Commissaires des guerres, sur le pied de cent vingt-cinq livres par mois au Lieutenant-colonel, cent vingt livres au Capitaine de Grenadiers, quatre-vingt-dix livres à chaque Capitaine & au Major, soixante-sept livres dix sols à chaque Capitaine en second, quatre-vingt-cinq livres au Lieutenant de Grenadiers, quarante-sept livres dix sols à chaque Lieutenant, y compris l'Aide-major, & de quarante livres à chaque Lieutenant en second réformé. A l'égard des Colonels & Lieutenans-colonels auxquels il auroit été réglé des appointemens différens de ceux ci-dessus fixés, ils continueront d'en jouir en conséquence des ordres particuliers qui leur ont

été

été expédiés, à la déduction seulement de vingt-cinq livres par mois, lorsqu'ils serviront en campagne.

VII.

GENDARMERIE.

LES quatre compagnies des Gardes-du-corps de Sa Majesté (à l'exception des détachemens qui restent de service sur le Guet), continueront d'être payées en conséquence de ce qui est prescrit par l'ordonnance du premier avril 1759, attendu qu'elles ne servent point en campagne.

GARDES-DU-CORPS du ROI.

La compagnie de Grenadiers à cheval de Sa Majesté, continuera d'être payée en conséquence de ce qui est prescrit par l'ordonnance du premier avril 1759, attendu qu'elle ne sert point en campagne.

GRENADIERS à CHEVAL.

La Cornette de chacune des compagnies de Gendarmes & de Chevaux-légers de la garde de Sa Majesté, outre le pain & le fourrage qui lui seront fournis, en servant en campagne, sera payée sur le pied par jour, de quinze sols à chaque Brigadier, Sous-brigadier, Gendarme, Chevau-léger, Trompette & Timbalier, vingt sols à l'Aumônier, & dix sols à chacun des Petits-Officiers de chaque compagnie, servant à ladite Cornette. Les Officiers desdites compagnies continueront à être payés avec le Guet, de leurs appointemens ordinaires.

GENDARMES & CHEVAUX-LÉGERS de la GARDE du ROI.

Les détachemens des deux compagnies de Mousquetaires de la garde de Sa Majesté, outre le pain & le fourrage qui leur seront fournis en servant en campagne, seront payés sur le pied par jour, de vingt-trois sols à chaque Brigadier, dix-neuf sols à chaque Sous-brigadier, quinze sols à chaque Mousquetaire, vingt sols à l'Aumônier, douze sols à chaque Tambour, Chirurgien, Apothicaire, Fourrier, Sellier, & Maréchal-ferrant, & cinquante sols à chaque Joueur de hautbois, Sa Majesté faisant payer d'ailleurs les Officiers de ces compagnies qui commandent lesdits détachemens.

MOUSQUETAIRES de la GARDE du ROI.

GENDARMERIE.
Grands Officiers
des compagnies
de Gendarmes.

Les Grands-officiers des dix compagnies de Gendarmes de la Gendarmerie, continueront à être payés suivant les états que Sa Majesté fera expédier; & les Maréchaux-des-logis, Brigadiers, Sous-brigadiers, Porte-étendards, Gendarmes & Trompettes, seront payés, en servant en campagne, sur le même pied de ceux des compagnies de Chevaux-légers, ainsi qu'il est ci-après expliqué.

Compagnies
de Gendarmes.

Compagnies de
Chevaux-légers.

Chacune des six compagnies de Chevaux-légers de ladite Gendarmerie, composée d'un Capitaine-lieutenant, un Sous-lieutenant, deux Cornettes, quatre Maréchaux-des-logis, deux Brigadiers, deux Sous-brigadiers, un Porte-étendard, soixante-dix Chevaux-légers, & deux Trompettes, outre le pain & le fourrage qui leur seront fournis en servant en campagne, sera payée sur le pied par jour, de huit livres au Capitaine-lieutenant, dont cinq livres quinze sols de supplément; cinquante sols au Sous-lieutenant, dont trente-deux sols de supplément; trente-cinq sols à chaque Cornette, dont vingt-un sols six deniers de supplément; quarante-cinq sols à chaque Maréchal-des-logis, dont trente-six sols de supplément; vingt-quatre sols six deniers à chaque Brigadier & Sous-brigadier, dont dix-huit sols six deniers de supplément; seize sols quatre deniers au Porte-étendard, dont onze sols quatre deniers de supplément; treize sols à chaque Chevau-léger, dont neuf sols de supplément; & vingt sols à chaque Trompette, dont quatorze sols six deniers de supplément.

Timbaliers
& Aumôniers.

Il sera aussi payé par jour, vingt sols à chacun des huit Timbaliers entretenus dans les huit premières compagnies, dont quatorze sols six deniers de supplément, & trente sols à chacun des deux Aumôniers qui sont avec lesdites compagnies de Gendarmes & de Chevaux-légers.

État-major de
la Gendarmerie.

Les Officiers de l'État-major de ladite Gendarmerie, étant payés de leurs appointemens à l'ordinaire des guerres, il n'en sera point fait ici mention.

Supplément
de paye aux
Gendarmes &

Le supplément de paye que Sa Majesté a accordé sur le pied par jour, de deux sols deux deniers, pour tenir

lieu de Maſſe à chaque Gendarme & Chevau-léger feulement, des ſeize compagnies de la Gendarmerie, continuera de leur être payé pendant la campagne, indépendamment de la ſolde qui leur eſt ci-deſſus réglée.

Chevaux-légers,
pour tenir lieu de
Maſſe.

V I I I.

CAVALERIE, CARABINIERS, HUSSARDS
& DRAGONS.

CHAQUE compagnie des régimens de Cavalerie françoiſe, ſervant en campagne, compoſée de quarante Maîtres,
ſera payée ſur le pied par jour, de quatre livres au Capitaine,
dont trois livres deux ſols de ſupplément; quarante ſols au
Lieutenant, dont vingt-huit ſols de ſupplément ; vingt-ſept
ſols ſix deniers au Cornette, dont dix-huit ſols ſix deniers de
ſupplément; vingt-un ſols huit deniers au Maréchal-des-
logis, dont quinze ſols huit deniers de ſupplément; dix ſols
au Fourrier, ſix ſols à chacun des deux Brigadiers, dont deux
ſols ſix deniers de ſupplément ; & cinq ſols à chacun des
trente-ſept Cavaliers, y compris le Trompette & le Timbalier où il doit y en avoir, dont deux ſols de ſupplément.

CAVALERIE
FRANÇOISE.
Compagnies.

Le Sous-lieutenant qui eſt dans la compagnie colonelle
du Colonel général de la Cavalerie, le Cornette blanc
qui eſt dans ladite compagnie, & le Cornette qui eſt en
chacune des compagnies Meſtre-de-camp des régimens
du Meſtre-de-camp général & du Commiſſaire général de
la Cavalerie, recevront leurs appointemens ſur le pied
par jour, de quarante ſols au Sous-lieutenant, dont vingt-
huit ſols de ſupplément; & de vingt-ſept ſols ſix deniers
au Cornette blanc & à chacun des deux autres, dont
dix-huit ſols ſix deniers de ſupplément.

Sous-lieutenant
& Cornettes en
charge dans les
régimens Colonel
général, Meſtre-
de-camp général
& Commiſſaire
général de la
Cavalerie.

Sa Majeſté ayant conſervé, par ſes ordonnances des
premier ſeptembre & 30 octobre 1748. les compagnies
aux Meſtres-de-camp des régimens du Colonel général,
du Meſtre-de-camp général & du Commiſſaire général
de la Cavalerie, l'État-major de chacun deſdits trois régimens, ſera payé ſur le pied par jour, ſavoir; de quarante-

État - major
des trois premiers
régimens de la
Cavalerie.

quatre sols cinq deniers au Meſtre-de-camp, outre ſes appointemens de Capitaine, dont vingt-ſix ſols cinq deniers de
ſupplément; dix livres ſix ſols huit deniers au Lieutenant-
colonel, tant pour ſes appointemens en ladite qualité,
que pour lui tenir lieu de ceux de Capitaine, ne devant
point avoir de compagnie, dont ſept livres dix ſols de
ſupplément; cinq livres au Major, dont quatre livres deux
ſols de ſupplément; cinquante ſols à l'Aide-major, dont
trente-huit ſols de ſupplément; trente ſols à l'Aumônier,
dont vingt-un ſols de ſupplément; & treize ſols ſix deniers
au Chirurgien, dont quatre ſols ſix deniers de ſupplément.

L'État-major de chacun des cinquante-deux autres régimens de Cavalerie françoiſe, ſera payé à raiſon par
jour, de cinq livres treize ſols quatre deniers au Meſtre-
de-camp, dont trente-trois ſols quatre deniers de ſupplément; & dix livres ſix ſols huit deniers au Lieutenant-
colonel, dont ſept livres dix ſols de ſupplément, tant
pour leurs appointemens en leurdite qualité, que pour leur
tenir lieu de ceux de Capitaine, ne devant point avoir
de compagnie; cinq livres au Major, dont quatre livres
deux ſols de ſupplément; cinquante ſols à l'Aide-major,
dont trente-huit ſols de ſupplément; trente ſols à l'Aumônier, dont vingt-un ſols de ſupplément; & treize ſols
ſix deniers au Chirurgien, dont quatre ſols ſix deniers
de ſupplément.

Les Capitaines réformés de Cavalerie françoiſe, qui
ont été entretenus à la ſuite des régimens, en conſéquence
des ordonnances des 1.ᵉʳ ſeptembre, 30 octobre 1748
& 15 mars 1749, leſquels ſont obligés de ſervir à leur
corps toute l'année, au lieu de quatre mois auxquels ils
étoient ci-devant aſſujétis, ſeront payés de leurs appointemens en campagne, ſur le pied de cinquante ſols par
jour, dont vingt ſols de ſupplément, en paſſant préſens
aux revûes des Commiſſaires des guerres.

Les Capitaines réformés qui étoient entretenus à la ſuite
des régimens de Cavalerie françoiſe avant les ordonnances
de réforme de 1748 & 1749, & qui ſe trouveront encore
y exiſter,

y exister, seront payés de leurs appointemens en campagne, sur le pied de cinquante sols par jour, dont trente-cinq sols de supplément, en passant présens aux revûes des Commissaires des guerres.

CHACUNE des quarante compagnies qui composent les cinq brigades du régiment des Carabiniers de M. le Comte de Provence, de trente-cinq Maîtres chacune, sera payée sur le pied par jour, de cinq livres au Capitaine, dont trois livres dix-huit sols de supplément; cinquante sols au Lieutenant, dont trente-cinq sols de supplément; trente-cinq sols au Cornette, dont vingt-trois sols de supplément; vingt-cinq sols au Maréchal-des-logis, dont dix-sept sols de supplément; onze sols six deniers au Fourrier; sept sols à chacun des deux Brigadiers, dont deux sols six deniers de supplément, & six sols à chacun des trente-deux Carabiniers, compris le Trompette & le Timbalier qui est en chacune des cinq compagnies Mestre-de-camp, dont deux sols de supplément. *RÉGIMENT des CARABINIERS de M. le Comte de PROVENCE.*

L'État-major dudit régiment, sera payé sur le pied par mois, de seize cens trente-six livres treize sols quatre deniers au Mestre-de-camp-lieutenant, desquels appointemens il sera payé jusqu'au jour qu'il sera pourvû de la compagnie qu'il doit avoir, en conséquence de l'ordonnance du 27 avril dernier, portant nouveau règlement pour ledit régiment; & à compter du jour qu'il en sera pourvû, il recevra seulement, indépendamment de ses appointemens de Capitaine, quatorze cens quatre-vingt-six livres treize sols quatre deniers par mois, dont huit cens vingt livres en ladite qualité de Mestre-de-camp-lieutenant, & six cens soixante-six livres treize sols quatre deniers en celle d'Inspecteur dudit Corps; quatre cens soixante-dix livres au Major, & deux cens trente-cinq livres à l'Aide-major, établi par ladite ordonnance du 27 avril dernier. *État-major.*

A l'égard de l'État-major de chacune des cinq brigades, il sera payé sur le pied par mois, de soixante-dix-sept livres quinze sols au Mestre-de-camp, cinquante-huit livres cinq fols au Lieutenant-colonel, outre leurs appointemens de Capitaine ; cent trente-cinq livres à l'Aide-major, foixante-quinze livres au Sous-aide-major, quarante-cinq livres à l'Aumônier, dont trente livres de fupplément ; & vingt-quatre livres cinq fols au Chirurgien, dont neuf livres cinq fols de fupplément.

Appointemens confervés aux Majors des brigades.   Sa Majefté ayant fupprimé par fon ordonnance particulière du 13 mai 1758, la majorité particulière de chaque brigade, & ordonné que les Officiers qui en étoient pourvûs pafferoient à des compagnies ; fon intention eft qu'ils jouiffent, jufqu'à leur remplacement, de fix livres d'appointemens par jour en campagne.

RÉGIMENT de CAVALERIE IRLANDOISE de FILTZJAMES. Compagnies.   CHACUNE des huit compagnies du régiment de Cavalerie irlandoife de Filtzjames, compofée de quarante Maîtres, fera payée à raifon par jour, de quatre livres au Capitaine, dont trente fols de fupplément ; quarante fols au Lieutenant, dont quinze fols de fupplément ; vingt-fept fols fix deniers au Cornette, dont huit fols neuf deniers de fupplément ; vingt-un fols huit deniers au Maréchal-des-logis, dont huit fols quatre deniers de fupplément ; dix fols au Fourrier ; huit fols à chacun des deux Brigadiers, dont deux fols de fupplément ; & fept fols à chacun des trente-fept Cavaliers, y compris le Trompette & le Timbalier où il doit y en avoir, dont un fol fix deniers de fupplément.

État-major.   L'État-major dudit régiment, fera payé fur le pied par jour, de cinq livres treize fols quatre deniers au Meftrede-camp, dont trente-trois fols quatre deniers de fupplément ; dix livres fix fols huit deniers au Lieutenant-colonel, dont fept livres dix fols de fupplément, tant pour leurs appointemens en leurdite qualité, que pour leur tenir lieu de ceux de Capitaine, ne devant point avoir de compagnie ; cinq livres au Major, dont quarante fols de fupplément ; cinquante fols à l'Aide-major, dont vingt fols de fupplément ; trente fols à l'Aumônier, dont quinze fols de fupplément ; & treize fols fix deniers au Chirurgien, dont fix fols fix deniers de fupplément.

Les Officiers réformés avec appointemens, tant des anciennes que des dernières réformes, qui font à la fuite dudit régiment, où ils doivent fervir toute l'année, feront payés en campagne fur le pied par jour, de cinq livres deux fols trois deniers à chaque Meftre-de-camp, dont quarante-un fols trois deniers de fupplément ; trois livres trois fols quatre deniers à chaque Lieutenant-colonel, dont cinq fols de fupplément ; & trois livres à chaque Capitaine, dont vingt fols de fupplément.

CHACUNE des huit compagnies du régiment Royal-Allemand, compofée de quarante Maîtres, fera payée fur le pied par jour, de cinq livres au Capitaine, dont quarante fols de fupplément ; cinquante fols au Lieutenant, dont vingt fols de fupplément ; trente-cinq fols au Cornette, dont douze fols fix deniers de fupplément ; vingt-cinq fols au Maréchal-des-logis, dont dix fols de fupplément ; dix fols au Fourrier, fept fols à chacun des deux Brigadiers, dont deux fols fix deniers de fupplément ; & cinq fols à chacun des trente-fept Cavaliers, y compris les Cadets, Trompettes & Timbalier où il doit y en avoir, dont un fol fix deniers de fupplément.

Il fera en outre payé un fol par jour à chaque Cadet qui paffera en revûe dans le nombre defdits Cavaliers, fur le certificat du Commandant du régiment.

L'État-major du régiment, fera payé à raifon par jour, de fix livres treize fols quatre deniers au Meftre-de-camp, dont trois livres fix fols huit deniers de fupplément ; cinq livres à chacun des deux Lieutenans-colonels, dont cinquante fols de fupplément, indépendamment de leurs appointemens de Capitaine ; fept livres fix fols huit deniers à chacun des deux Majors, dont trois livres trois fols quatre deniers de fupplément ; cinquante fols à chacun des deux Aides-majors, dont vingt-trois fols quatre deniers de fupplément ; feize fols huit deniers au Maréchal-des-logis, dont trois fols quatre deniers de fupplément ; vingt-trois fols quatre deniers au Prevôt, dont fix fols huit deniers de fupplément ; vingt-un fols huit deniers à fon

Lieutenant, dont huit fols quatre deniers de fupplément; quinze fols au Greffier, dont cinq fols de fupplément; vingt-fix fols huit deniers à chacun des Aumônier & Chirurgien, dont huit fols quatre deniers de fupplément; & dix fols à chacun des quatre Archers & à l'Exécuteur de Juftice, dont deux fols fix deniers de fupplément.

LES huit compagnies de chacun des régimens de Cavalerie allemande de Wirtemberg & de Naffau-Saarbruck, compofées de quarante Maîtres chacune, feront payées fur le pied par jour, pour chaque compagnie, de cinq livres au Capitaine, dont quarante fols de fupplément; cinquante fols au Lieutenant, dont vingt fols de fupplément; trente-cinq fols au Cornette, dont douze fols fix deniers de fupplément; vingt-un fols huit deniers au Maréchal-des-logis, dont huit fols quatre deniers de fupplément; dix fols au Fourrier; fix fols à chacun des deux Brigadiers, dont deux fols de fupplément; & cinq fols à chacun des trente-fept Cavaliers, y compris le Trompette & le Timbalier où il doit y en avoir, dont un fol fix deniers de fupplément.

L'Etat-major du régiment de Wirtemberg, fera payé fur le pied par jour, favoir; de trois livres fix fols huit deniers au Meftre-de-camp, quarante fols au Lieutenant-colonel, indépendamment de leurs appointemens de Capitaine; fept livres dix fols au Major, dont quarante fols de fupplément; cinquante fols à l'Aide-major, treize fols quatre deniers à chacun des Aumônier, Chirurgien & Auditeur, & fept fols fix deniers à chacun des Greffier, trois Archers & un Exécuteur de Juftice.

Le Comte de Rofen, Meftre-de-camp en fecond du régiment de Wirtemberg, & qui le commande en l'abfence du Prince de Wirtemberg, fera payé de fes appointemens, en campagne, fur le pied de cinq livres treize fols quatre deniers par jour, ne devant point avoir de compagnie.

L'État-major du régiment de Naffau-Saarbruck, fera payé à raifon par jour, de trois livres fix fols huit deniers au Meftre-de-camp, dont trente-trois fols quatre deniers de fupplément;

supplément ; quarante sols au Lieutenant-colonel, dont vingt sols de supplément, indépendamment de leurs appointemens de Capitaine ; sept livres dix sols au Major, dont quatre livres trois sols quatre deniers de supplément ; cinquante sols à l'Aide-major, dont vingt-trois sols quatre deniers de supplément ; & treize sols quatre deniers à chacun des Aumônier & Chirurgien, dont quatre sols quatre deniers de supplément.

Les Officiers réformés avec appointemens, tant des anciennes que des dernières réformes, entretenus à la suite desdits trois régimens de Cavalerie allemande où ils doivent servir toute l'année, seront payés en campagne, sur le pied par jour, de quatre livres à chaque Mestre-de-camp, dont vingt sols de supplément ; trois livres trois sols quatre deniers à chaque Lieutenant-colonel, dont trois sols quatre deniers de supplément ; quarante-six sols huit deniers à chacun des Capitaines qui ont eu troupe, & qui proviennent de la dernière réforme, dont seize sols huit deniers de supplément ; & quarante sols à chacun des autres, dont dix sols de supplément. *Officiers réformés à la suite des régimens Royal-Allemand, de Wirtemberg & de Nassau-Saarbruck.*

CHACUNE des huit compagnies du régiment de Cavalerie liégeoise de Raugrave, de quarante Maîtres chacune, sera payée en campagne, sur le pied par jour, de cinq livres au Capitaine, cinquante sols au Lieutenant, trente-cinq sols au Cornette, vingt-un sols huit deniers au Maréchal-des-logis, dix sols au Fourrier, sept sols à chaque Brigadier, & cinq sols à chaque Cavalier & au Trompette ou Timbalier où il doit y en avoir. *RÉGIMENT de CAVALERIE LIÉGEOISE de RAUGRAVE.*

L'État-major dudit régiment, sera payé sur le pied par jour, de douze livres six sols huit deniers au Mestre-de-camp, neuf livres au Lieutenant-colonel, tant pour leurs appointemens en ladite qualité, que pour leur tenir lieu de ceux de Capitaine, ne devant point avoir de compagnie ; sept livres dix sols au Major, cinquante sols à l'Aide-major, trente sols à l'Aumônier, & treize sols quatre deniers au Chirurgien. *État-major.*

Les Capitaines réformés, qui étoient entretenus à la *Capitaines réformés à la suite du régiment de Raugrave.*

suite dudit régiment avant les augmentations ordonnées les 20 novembre 1756 & premier février 1758, & qui pourroient s'y trouver encore, n'ayant point été remplacés, seront payés en campagne, sur le pied de quarante sols chacun par jour.

RÉGIMENT *de* CAVALERIE LÉGÈRE *de* CORSE.

LE régiment de Cavalerie légère de Corse, créé par ordonnance du 29 avril 1757, & composé de cent cinquante Maîtres en six compagnies de vingt-cinq Maîtres chacune, sera payé, lorsqu'il servira en campagne, savoir;

Compagnies.

Chaque compagnie, sur le pied par jour, de quatre livres au Capitaine, trente sols au Lieutenant, quinze sols au Maréchal-des-logis, dix sols au Fourrier, six sols à chacun des deux Brigadiers, & cinq sols à chacun des vingt-deux Cavaliers, y compris le Trompette & le Timbalier où il doit y en avoir.

État-major.

L'État-major dudit régiment, sera payé sur le pied par jour, de neuf livres au Mestre-de-camp, sept livres au Lieutenant-colonel, lesquels n'auront point de compagnie; cinq livres au Major, cinquante-six sols huit deniers à l'Aide-major, vingt sols à chacun des Aumônier & Chirurgien, & vingt-six sols huit deniers au Porte-bannière.

HUSSARDS.

Chacun des deux régimens Hussards de Berchiny & Turpin, composés de neuf cens hommes, au moyen de l'incorporation qui y a été faite de celui de Polleresky, en conséquence de l'ordonnance du 5 mai 1758, formant six escadrons en douze compagnies de soixante-quinze hommes chacune, seront payés, savoir :

Compagnies.

Chacune des douze compagnies par régiment, sur le pied par jour, de cinq livres au Capitaine, dont quarante sols de supplément; cinquante sols au premier Lieutenant, dont vingt sols de supplément; quarante sols au second Lieutenant, dont quinze sols de supplément; trente-cinq sols au Cornette, dont douze sols six deniers de supplément; vingt-un sols huit deniers à chacun des deux Maréchaux-des-logis, dont huit sols quatre deniers de supplément; dix sols au Fourrier, dont quatre sols de supplément; sept sols à chacun des six Brigadiers, dont deux sols six deniers de supplément; & cinq sols à chacun des soixante-huit Huffards, y compris le Trompette & le Timbalier, où il doit y en avoir, dont un sol six deniers de supplément.

L'État-major de chacun desdits régimens de Berchiny & Turpin, sera payé sur le pied par jour, de douze livres six sols huit deniers au Mestre-de-camp, dont cinq livres treize sols quatre deniers de supplément; neuf livres au Lieutenant-colonel, dont quatre livres de supplément, tant pour leurs appointemens en leurdite qualité, que pour leur tenir lieu de ceux de Capitaine, ne devant être attachés à aucune compagnie; sept livres six sols huit deniers au Lieutenant-colonel en second, aussi sans compagnie, provenant de l'incorporation des régimens Huffards qui ont été supprimés, dont cinq livres treize sols quatre deniers de supplément; sept livres dix sols au Major, dont trois livres cinq sols de supplément; cinquante sols à chacun des deux Aides-majors, dont vingt sols de supplément; trente sols à l'Aumônier, dont vingt-un sols de supplément; & treize sols quatre deniers au Chirurgien, dont quatre sols quatre deniers de supplément.

Les quatre Capitaines en pied & les trois Majors qui ont été réformés à l'incorporation des régimens de Lynden, Beaufobre & Ferrary, & qui font actuellement entretenus en qualité de Capitaines réformés à la suite des deux régimens Huffards qui font sur pied, jufqu'à leur remplacement à des compagnies vacantes, recevront en servant en campagne, chacun quatre livres par jour, en passant préfens aux revûes des Commissaires des guerres.

Les Capitaines réformés qui étoient à la suite des régimens de Huffards de Lynden, Beaufobre & Ferrary, avant l'incorporation, & qui ont été diftribués dans Berchiny & Turpin, & ceux du même grade qui fe font trouvés attachés à ces deux derniers régimens, lors de ladite incorporation, feront payés en campagne, à raifon chacun de quarante sols par jour, en passant préfens aux revûes.

A l'égard des Officiers réformés qui étoient à la suite dudit régiment de Polleresky, & qui ont passé à la suite des régimens de Berchiny & de Turpin, ils recevront le même traitement que ceux attachés à ces deux régimens.

*Officiers pri-
sonniers de guerre
des régimens
d'Hussards.*

L'intention de Sa Majesté est que les Lieutenans, Lieutenans en second ou Cornettes des régimens Hussards de Berchiny & de Turpin, qui sont ou pourront être prisonniers de guerre, soient remplacés par d'autres Officiers qui seront nommés à leurs charges en attendant leur échange, après lequel ils reprendront leurs emplois, & que les Lieutenans, Lieutenans en second ou Cornettes qui remplaceront les prisonniers de guerre soient payés des mêmes appointemens dont jouissent les Officiers en pied; & qu'après le retour des Officiers prisonniers de guerre, ils continuent de servir à la suite desdits régimens jusqu'à ce qu'ils aient été remplacés aux premiers emplois vacans, voulant Sa Majesté qu'il ne soit nommé aucun Officier nouveau que ceux-ci n'aient été remplacés.

*RÉGIMENT
ROYAL-NASSAU
de
CAVALERIE
LÉGÈRE
ALLEMANDE.*

LE régiment Royal-Nassau, de Cavalerie légère Allemande, porté par ordonnance du 14 juin 1758, à quatre escadrons, de cent cinquante hommes chacun, en sept compagnies, dont la première de cent cinquante hommes, & les six autres de soixante-quinze, sera payé en campagne, savoir ;

Compagnies.

La première compagnie, qui sera commandée par le Mestre-de-camp-lieutenant, sur le pied par jour, de cinq livres au Capitaine, de pareilles cinq livres au Capitaine en second, cinquante sols à chacun des deux Lieutenans en premier, quarante sols à chacun des deux Lieutenans en second, trente-cinq sols à chacun des deux Cornettes, vingt-un sols huit deniers à chacun des quatre Maréchaux-des-logis, dix sols à chacun des deux Fourriers, sept sols à chacun des douze Brigadiers, & cinq sols à chacun des cent trente-quatre Cavaliers, un Trompette & un Timbalier.

Chacune des six autres compagnies de soixante-quinze hommes, sur le pied par jour, de cinq livres au Capitaine, cinquante sols au Lieutenant en premier, quarante sols au Lieutenant en second, trente-cinq sols au Cornette, vingt-un sols huit deniers à chacun des deux Maréchaux-

des-

des-logis, dix sols au Fourrier, sept sols à chacun des six Brigadiers, & cinq sols à chacun des soixante-sept Cavaliers & au Trompette.

L'État-major dudit régiment, sera payé sur le pied *État-major.* par jour, de trois livres six sols huit deniers au Mestre-de-camp-lieutenant, indépendamment de ses appointemens de Capitaine de la première compagnie; neuf livres au Lieutenant-colonel, tant pour ses appointemens en cette qualité, que pour lui tenir lieu de ceux de Capitaine, ne devant point avoir de compagnie; sept livres dix sols au Major, cinquante sols à l'Aide-major, trente sols à l'Aumônier, treize sols quatre deniers au Chirurgien, & dix sols au Prevôt.

Chacun des seize régimens de Dragons, mis par *DRAGONS.* ordonnance du 18 août 1755, à quatre escadrons de cent soixante hommes chacun, en quatre compagnies de quarante Dragons montés, faisant en total six cens quarante hommes par régiment, sera payé, savoir;

Chacune des seize compagnies par régiment, composée *Compagnies.* de quarante hommes, sur le pied par jour, de trois livres dix sols au Capitaine, dont cinquante-cinq sols de supplément; trente sols au Lieutenant, dont vingt sols de supplément; vingt sols au Cornette, dont quatorze sols de supplément; quinze sols au Maréchal-des-logis, dont dix sols de supplément; huit sols six deniers au Fourrier, cinq sols six deniers à chacun des deux Brigadiers, dont deux sols six deniers de supplément; & quatre sols six deniers à chaque Dragon & au Tambour, dont deux sols de supplément.

Le Sous-lieutenant & le Cornette, entretenus dans la *Sous-lieutenant* compagnie Générale du régiment du Colonel général des *& Cornette en* Dragons, & le Cornette aussi entretenu dans la compagnie *charge dans les* Mestre-de-camp du régiment Mestre-de-camp général, *deux premiers* seront payés, à raison par jour, de vingt-trois sols quatre *régimens de* deniers au Sous-lieutenant, dont quinze sols quatre deniers *Dragons.* de supplément; & de vingt sols à chaque Cornette, dont quatorze sols de supplément,

L'État-major de chaque régiment de Dragons, sera *État-major.*

payé sur le pied par jour, de neuf livres au Meftre-de-camp, dont sept livres six sols huit deniers de supplément; sept livres six sols huit deniers au Lieutenant-colonel, dont deux livres quinze sols de supplément, tant pour leurs appointemens en leurdite qualité que pour leur tenir lieu de ceux de Capitaine, ne devant point avoir de compagnie; quatre livres au Major, dont trois livres cinq sols de supplément; cinquante sols à chacun des premier & second Aide-major, dont quarante sols de supplément; & trente sols à l'Aumônier, dont vingt-un sols de supplément.

Meftre-de-camp en fecond du régiment de Dragons d'Orléans.

Le S.^r marquis de Pons, Meftre-de-camp-lieutenant en second du régiment de Dragons d'Orléans, sera payé de ses appointemens en ladite qualité en campagne, sur le pied de cent trente-six livres treize sols quatre deniers par mois, en passant présent aux revûes des Commissaires des guerres.

Colonel-général & Meftre-de-camp général, qui conservent leur compagnie.

Le Colonel-général & le Meftre-de-camp général des Dragons, auxquels Sa Majefté a confervé leur compagnie, continueront de recevoir en campagne, indépendamment de leurs appointemens de Capitaine, les dix livres par jour qui leur font attribuées en qualité de Meftre-de-camp, par l'ordonnance de Solde d'hiver.

Anciens Commandans des compagnies à pied de Dragons.

Le Capitaine qui commandoit les quatre compagnies à pied de chaque régiment de Dragons, & qui a passé à une compagnie, continuera de recevoir, indépendamment de ses appointemens de Capitaine, deux livres trois sols quatre deniers par jour, à titre de supplément d'appointemens, jusqu'à ce qu'il passe à un autre grade dont le traitement ne sera point inférieur; & celui qui lui succédera à sa compagnie, ne recevra que les appointemens ordinaires de Capitaine.

Le Sr Lemaire, qui a eu pendant la dernière guerre une commiffion de Capitaine pour commander la compagnie de Caftellanne, dans le régiment de Dragons d'Orléans, pendant l'absence du Capitaine titulaire, sera payé de ses appointemens en campagne, sur le pied de quarante fols par jour, en paffant préfent aux revûes des Commiffaires des guerres.

Les Officiers réformés avec appointemens, qui auront ordre de fervir à la fuite des régimens de Dragons, feront payés en campagne, fur le pied qui leur a été réglé pendant l'hiver, à la déduction de trente livres par mois pour chaque Meftre-de-camp, Lieutenant-colonel & Capitaine, & de quinze livres pour chaque Lieutenant. *Officiers réformés à la fuite des régimens de Dragons.*

LE régiment de Cavalerie légère des Volontaires de Schomberg, porté par ordonnance du premier février 1758, à quatre cens quatre-vingts hommes, en fix brigades de quatre-vingts hommes montés chacune, fera payé, favoir; *VOLONTAIRES de SCHOMBERG.*

Chacune des fix brigades, fur le pied par jour, de treize livres au Capitaine, y compris vingt fols de fupplément; quatre livres feize fols huit deniers au Capitaine en fecond, trois livres fix fols huit deniers au Lieutenant en premier, deux livres treize fols quatre deniers au Lieutenant en fecond, quarante-cinq fols au Cornette, trente fols à chacun des deux Maréchaux-des-logis, dix fols fix deniers à chacun des deux Fourriers, huit fols à chacun des quatre Brigadiers, fept fols à chacun des quatre Sous-brigadiers, fix fols à chacun des foixante-huit Volontaires, & dix fols à chaque Trompette. *Brigades.*

L'intention de Sa Majefté eft que les dix fols fix deniers de folde par jour, qu'Elle a réglée à chacun des deux Fourriers établis dans chacune des fix brigades dudit régiment, continuent de leur être payés pendant l'hiver dernier, quoiqu'il n'en foit pas fait mention dans l'ordonnance de Solde d'hiver du premier avril dernier.

L'État-major dudit régiment, fera payé fur le pied par jour, de trente-neuf livres fix fols huit deniers au Meftre-de-camp, qui n'aura point de compagnie; treize livres au Major, cinq livres dix fols à l'Aide-major, quarante-trois fols quatre deniers à l'Auditeur, pareils quarante-trois fols quatre deniers à l'Aumônier, trois livres au Chirurgien-major, trente fols au Maréchal-des-logis tenant lieu *État-major.*

de Fourrier, quarante fols au Prevôt, & pareils quarante fols au Timbalier & à chacun des quatre Hautbois, vingt-fix fols huit deniers au Maître charpentier, & vingt-trois fols quatre deniers à chacun des fix Charpentiers.

Sa Majefté ayant jugé à propos de régler, par une décifion particulière du 16 mars 1757, qu'à compter dudit jour il feroit retenu en faveur & pendant la vie du S.^r le Fort, ci-devant Lieutenant-colonel du régiment des Volontaires de Schomberg, la fomme de trois mille livres par an fur les appointemens de la lieutenance-colonelle; Elle auroit confenti en même temps à ce que le Sr de Cholet, qui lui a fuccédé dans cette charge, confervât la brigade qu'il avoit dans ledit régiment; à l'effet de quoi Elle ordonne que cette fomme de trois mille livres fera prélevée fur les fix mille deux cens quarante livres d'appointemens par an attachées à ladite charge de Lieutenant-colonel, & payée à compter dudit jour 16 mars 1757 au S.^r le Fort, fur les ordres particuliers que Sa Majefté fera expédier à cet effet, & que tant que cette retenue aura lieu; ledit Sr de Cholet ne reçoive que neuf livres par jour pour fes appointemens de Lieutenant-colonel, indépendamment de fon traitement de Capitaine Chef de brigade, dont lui & fes fucceffeurs en ladite charge de Lieutenant-colonel jouiront jufqu'à ce que ladite retenue ceffe; fon intention étant qu'alors lefdits appointemens foient rétablis à dix-fept livres fix fols huit deniers par jour, & que ceux qui rempliront cette charge les reçoivent fur ce pied, en obfervant qu'ils ne devront plus avoir de brigade, conformément à l'ordonnance du 8 janvier 1751.

Au moyen du traitement réglé ci-deffus aux Capitaines Chefs de brigade, Sa Majefté entend qu'ils ne puiffent rien retenir fur la folde des Brigadiers, Sous-brigadiers, Trompettes & Volontaires, foit pour le ferrage des chevaux ou quelque autre chofe que ce foit, qui demeurera à la charge defdits Capitaines : Ordonne Sa Majefté qu'ils foient tenus de fournir par année, à chacun des hommes

de

de leur brigade, une paire de souliers, deux chemises, un col, & ce qu'il a été d'usage jusqu'à présent de leur donner, indépendamment de leur solde.

I X.

V E U T Sa Majesté que les quatre Carabiniers qui sont en chacune des compagnies des cinquante-cinq régimens de Cavalerie françoise & des régimens étrangers de Filtzjames, Royal-Allemand, Wirtemberg, Nassau-Saarbruck & Raugrave, les quatre plus anciens Carabiniers de chacune des compagnies des cinq brigades du régiment des Carabiniers de M. le Comte de Provence, & les quatre plus anciens Dragons de chaque compagnie continuent de jouir, pendant la campagne, du supplément de paye de six deniers par jour, qui leur a été réglé par l'ordonnance de solde du 25 février 1758.

Supplément de paye à quatre Carabiniers dans chacune des compagnies de Cavalerie, & aux quatre plus anciens Dragons par compagnie.

X.

O U T R E la solde ci-dessus de la Cavalerie françoise & étrangère & des Dragons, il sera payé douze deniers par jour pour chaque Fourrier, Brigadier, Cavalier, Carabinier, Hussard, Volontaire, Dragon, Trompette, Timbalier & Tambour, pour former une Masse toûjours complète par année, dont le fonds restera entre les mains du Trésorier général de l'extraordinaire des guerres, pour être délivré & employé à la fin de chaque année, ainsi qu'il est réglé par l'ordonnance de solde du premier avril dernier.

Masse de la Cavalerie & des Dragons.

L'intention de Sa Majesté est que ce qui est ci-dessus réglé pour les Gardes, Gendarmes, Chevaux-légers, Mousquetaires & Grenadiers à cheval, & pour les Sergens, Soldats, Gendarmes & Chevaux-légers de la Gendarmerie, Cavaliers, Carabiniers, Hussards & Dragons des troupes tant françoises qu'étrangères, pendant qu'elles se trouveront en campagne, leur soit entièrement payé, sans que les Capitaines puissent en rien retenir, sous quelque prétexte que ce puisse être; au moyen de quoi, Sa Majesté veut

Pour le payement de la solde sans retenue pendant la campagne.

& entend que la retenue qu'Elle a prescrite par l'ordonnance de solde du premier avril dernier, d'un sol par jour sur celle de chaque Cavalier, Carabinier, Hussard & Dragon, pour rester entre les mains du Major, Aide-major ou autre Officier chargé du détail de chaque Corps, pour leur être délivré tous les trois mois, après que ledit Officier-major aura examiné s'ils sont fournis de linge, culotte, bas & souliers, n'ait lieu en temps de guerre, que pendant les six mois d'hiver, & jusqu'au temps que les régimens qui seront destinés à servir en campagne y entreront.

Pour le traitement des troupes dans les garnisons pendant la campagne.

Comme quelques-uns des régimens destinés à servir dans les Armées, pourroient demeurer dans les Places pendant une partie de la campagne, Sa Majesté entend qu'ils y soient payés de leur solde d'hiver en conformité de l'ordonnance du premier avril dernier, que le pain soit fourni aux Sergens, Soldats, Cavaliers, Carabiniers, Hussards, Dragons, Trompettes, Timbaliers & Tambours, & qu'il soit retenu sur leur solde deux sols pour chaque ration.

X I.

Pain de munition aux Troupes.

Composition de la ration.

POUR les Sergens, Cadets, Fourriers, Capitaines-d'armes, Caporaux, Anspessades, Canonniers, Charpentiers, Ouvriers, Bombardiers, Sappeurs, Mineurs, Grenadiers, Fusiliers, Fifres, Tambourins, Tambours, Brigadiers, Cavaliers, Hussards, Dragons, Trompettes, Timbaliers & Hautbois, la ration sera de vingt-huit onces, cuit & rassis; & pour les Officiers de ses troupes, comme par le passé, sur le pied de vingt-quatre onces, conformément à l'ordonnance du premier mai 1758.

Sa Majesté voulant régler les quantités de rations de pain de munition qui seront fournies aux troupes destinées à servir dans ses Armées pendant la campagne, Elle ordonne que cette fourniture leur soit faite sur le pied ci-après,

SAVOIR:

rations.

A chaque compagnie de Grenadiers des quatre bataillons du régiment des Gardes-françoises, qui serviront en campagne, composée de cent quatre Grenadiers, qui auront chacun une ration, & de six Sergens qui auront chacun deux rations, la quantité de cent seize rations de pain de munition par jour (les Officiers n'en devant point avoir), ci . . . . 116.

GARDES-FRANÇOISES.
Compagnies de Grenadiers.

A chaque compagnie de Fusiliers desdits quatre bataillons du régiment des Gardes-françoises, qui serviront en campagne, composée de cent trente-quatre Fusiliers qui auront chacun une ration, & de six Sergens qui auront chacun deux rations, la quantité de cent quarante-six rations de pain par jour (les Officiers n'en devant point avoir), ci . . . . 146.

Compagnies de Fusiliers.

A chacune des huit compagnies du régiment des Gardes-suisses, qui serviront en campagne, composée de deux cens hommes, les Officiers compris, la quantité de deux cens rations par jour, ci . . . . 200.

GARDES-SUISSES.
Compagnies.

Pour lequel pain de munition ci-dessus réglé pour les compagnies de Grenadiers & de Fusiliers du régiment des Gardes-françoises, & compagnies du régiment des Gardes-suisses, il sera retenu sur la solde desdites compagnies, deux sols par ration de pain qui leur sera fournie, conformément au nombre d'hommes qui seront employés dans les revûes des Commissaires des guerres préposés à cet effet.

Retenue pour le pain de munition des Gardes-françoises & Suisses.

Il sera fourni du pain de munition aux Officiers & Soldats des régimens d'Infanterie françoise, du Corps des Grenadiers de France, des six brigades du Corps royal de l'Artillerie, des six compagnies de Sappeurs & six compagnies de Mineurs; & des régimens d'Infanterie Italienne, Irlandoise & Écossoise, & les régimens Royal-Lorraine & Royal-Barrois, lorsqu'ils serviront en campagne, sur le pied par jour, savoir;

INFANTERIE FRANÇOISE, CORPS des GRENADIERS de FRANCE, CORPS ROYAL de l'ARTILLERIE. INFANTERIE ITALIENNE, IRLANDOISE & ÉCOSSOISE, & les régimens ROYAL-LORRAINE & ROYAL-BARROIS.

rations.

A chaque Capitaine en pied, six rations, ci . . . . 6.

Compagnies.

A chaque Capitaine en second, ci-devant en pied, provenant de la réforme de 1748, & qui tiennent lieu de

rations.

Lieutenant dans les compagnies, pareil nombre de six rations, ci . . . . 6.

A chaque Capitaine en second des régimens Royal-Lorraine & Royal-Barrois, du Corps royal de l'Artillerie, des Mineurs, des régimens Royal-Italien & Royal-Corse, & des régimens Irlandois & Écossois, la quantité de cinq rations, ci . . . . 5.

A chaque Lieutenant des compagnies d'Infanterie françoise, des régimens Royal-Italien & Royal-Corse, des régimens Irlandois & Écossois, & les premier & second Lieutenans des compagnies du Corps royal de l'Artillerie, la quantité de quatre rations, ci . . . . 4.

A chaque second Capitaine en second du régiment Royal-Italien, qui fait les fonctions de Lieutenant, pareille quantité de quatre rations, ci . . . . 4.

A chaque Lieutenant en second, Sous-lieutenant & Enseigne, trois rations, ci . . . . 3.

A chaque Lieutenant en second & Sous-lieutenant sans appointemens qui servent dans le régiment du Roi, trois rations, ci . . . . 3.

A chaque Sergent d'Infanterie & Maître-ouvrier, deux rations, ci . . . . 2.

A chaque Caporal, Anspessade, Sous-maître-ouvrier, Grenadier, Appointé, Fusilier, Sappeur, Canonnier, Bombardier, Mineur, Ouvrier, Apprentif & Tambour, une ration, ci . . . . 1.

Surnuméraires du régiment du Roi. A chacun des trois cens quarante Surnuméraires qui sont entretenus au-delà du complet, dans le régiment d'Infanterie de Sa Majesté, à raison de cinq hommes par compagnie, une ration, ci . . . . 1.

États-majors de l'Infanterie Françoise, &c. Les Officiers de l'État-major de chacun des régimens d'Infanterie Françoise, Italienne & Écossoise, & de chacun des six brigades du Corps royal de l'Artillerie, & des régimens Royal-Lorraine & Royal-Barrois, en servant en campagne, recevront le pain de munition sur le pied par jour, savoir;

A chaque Colonel sans compagnie & Chef de brigade de Royal-Artillerie, dix-huit rations, ci . . . . 18.

A chaque

A chaque Colonel du Corps royal de l'Artillerie, seize
rations, ci . . . . 16.

Au Colonel en second de chacun des régimens des Gardes
de Lorraine & de Royal-Corse, quatorze rations, ci . . . 14.

A chaque Lieutenant-colonel sans compagnie, dix rations,
ci . . . . 10.

A chaque Commandant des second, troisième & quatrième
bataillons d'Infanterie Françoise, huit rations, ci . . . . 8.

Au premier Capitaine commandant les six compagnies de
Sappeurs, huit rations, ci . . . . 8.

Au premier Capitaine commandant les six compagnies de
Mineurs, huit rations, ci . . . . 8.

A chaque Major, six rations, ci . . . . 6.

A chaque Aide - major, & à chacun des six Sous-aides-
majors du Corps royal de l'Artillerie, quatre rations, ci . 4.

A chaque Garçon-major du Corps royal de l'Artillerie,
trois rations, ci . . . . 3.

A chaque Maréchal-des-logis, trois rations, ci . . . . . . 3.

A chaque Aumônier & Chirurgien, deux rations, ci . . . 2.

Au Tambour-major de chacun des régimens Royal-Italien
& Royal-Corse, une ration, ci . . . . 1.

Au Colonel-lieutenant du régiment d'Infanterie de Sa
Majesté, auquel la compagnie a été conservée, douze
rations de pain par jour, outre celles qui lui sont attribuées comme Capitaine, ci . . . . 12.

*Colonel - lieute-
nant du régiment
du Roi.*

Aux quatre Maîtres, pour enseigner, du régiment d'Infanterie de Sa Majesté, la quantité de seize rations, à raison
de quatre rations à chacun, ci . . . . 16.

*Maîtres à
enseigner du régi-
ment du Roi.*

La Prevôté de chacun des régimens d'Infanterie Françoise où il y en a, de Royal-Italien, Royal-Corse & de
Rooth & Berwick Irlandois, aura du pain de munition en
servant en campagne, sur le pied par jour, savoir;

Prevôtés.

Au Prevôt, quatre rations, ci . . . . 4.

A son Lieutenant, trois rations, ci . . . . 3.

Au Greffier, deux rations, ci . . . . 2.

A chacun des cinq Archers & à l'Exécuteur de Justice,
une ration, ci . . . . 1.

Q

État-major des Grenadiers de France.

L'État-major du corps des Grenadiers de France, recevra le pain de munition, en servant en campagne, sur le pied par jour, savoir ;

rations.

A l'Inspecteur commandant en chef, vingt-quatre rations, ci . . . . 24.

Au Commandant en second du corps, dix-huit rations, ci . . . . 18.

A chaque Colonel attaché au corps qui servira en campagne, seize rations par jour, ci . . . . 16.

A chaque Lieutenant-colonel, dix rations, ci . . . . 10.

A chacun des quatre Sergens-majors, six rations, ci . . . . 6.

A chacun des quatre Aides-majors, quatre rations, ci . . 4.

Au Tambour-major & au Fifre desdits Grenadiers de France, chacun une ration, ci . . . . 1.

Officiers réformés d'Infanterie.

Les Officiers réformés d'Infanterie Françoise, Italienne, Irlandoise & Écossoise, qui serviront en campagne à la suite desdits régimens, recevront le pain de munition sur le pied par jour, savoir ;

A chaque Colonel & Lieutenant-colonel, six rations, ci . . 6.

A chaque Capitaine, quatre rations, ci . . . . 4.

A chaque Lieutenant, deux rations, ci . . . . 2.

MILICE & RÉGIMENS des GRENADIERS-ROYAUX.

Les compagnies des régimens de Grenadiers-royaux, & celles des bataillons de Milice, qui serviront en campagne, auront du pain de munition sur le pied par jour, savoir ;

A chaque Sergent, deux rations, ci . . . . 2.

A chaque Caporal, Anspessade, Grenadier, Grenadier-postiche, Fusilier & Tambour, une ration, ci . . . . . . 1.

Pain des Officiers de Grenadiers-royaux.

Sa Majesté veut bien accorder aux Officiers des régimens de Grenadiers-royaux, en servant en campagne, la fourniture du pain de munition *gratis*, suivant leur grade, aux mêmes quantités de rations ci-dessus réglées pour les Officiers de l'Infanterie françoise : A l'égard des Officiers des bataillons de Milice servant en campagne, ils auront

la liberté de prendre du pain de munition, comme par
le passé; mais il sera retenu sur leurs appointemens, deux
sols pour chaque ration de pain qui leur sera fournie.

A l'égard des Sergens & Soldats des bataillons de Milices qui sont employés dans les communications à l'armée,
comme ils sont à la solde de garnison, il leur sera aussi
retenu deux sols pour chaque ration de pain.

Sa Majesté veut bien aussi continuer pendant cette
campagne, à accorder la fourniture du pain de munition
gratis aux Officiers d'Infanterie, Cavalerie, Hussards &
Dragons des Troupes légères qui servent dans ses armées, à cause du peu de ressource des pays où elles
doivent agir, mais sans tirer à conséquence pour l'avenir:
laquelle fourniture leur sera faite sur le pied ordinaire
d'une livre & demie par ration, & pour les quantités ci-
après expliquées.

	rations.	
A chaque Capitaine en pied, six rations, ci.	6.	*Compagnies de Grenadiers.*
A chaque Lieutenant, trois rations, ci	3.	
A chaque Lieutenant en second ou Sous-lieutenant, trois rations, ci.	3.	
A chaque Capitaine en pied des compagnies d'Infanterie, six rations, ci.	6.	*Compagnies d'Infanterie.*
A chaque premier Capitaine en second du Corps de Fischer, cinq rations, ci	5.	
A chaque Capitaine en second, quatre rations, ci. . . .	4.	
A chaque Lieutenant en premier, second Lieutenant, Lieutenant en second & Sous-lieutenant, trois rations, ci . . .	3.	
A chaque Capitaine titulaire, six rations, ci	6.	*Compagnies mêlées d'Infanterie, de Cavalerie ou de Dragons.*
A chaque Capitaine en second, quatre rations, ci. . . .	4.	*Pour la partie de l'Infanterie.*
A chaque Lieutenant en premier, Lieutenant en second ou Enseigne, trois rations, ci.	3.	
A chaque Capitaine en second, quatre rations, ci	4.	*Pour la partie*

rations.

de la Cavalerie & Dragons.

A chaque second Capitaine en second, trois rations, ci.. 3.

A chaque Lieutenant en premier, Lieutenant en second ou second Lieutenant & Cornette, trois rations, ci. . . 3.

A chaque Maréchal - des - logis, deux rations, ci. . . . . . 2.

Compagnies de Cavalerie des Volontaires de Clermont-Prince, des Volontaires-Liégeois & du Corps de Fischer.

A chaque Capitaine en pied, six rations, ci. . . . . . 6.

A chaque premier Capitaine en second, cinq rations, ci . 5.

A chaque second Capitaine en second, quatre rations, ci. 4.

A chaque Lieutenant en premier, quatre rations, ci. . . 4.

A chaque Lieutenant en second & Cornette, trois rations, ci. 3.

A chaque Maréchal - des - logis, deux rations, ci. . . . . . 2.

Compagnies de Huffards.

A chaque Capitaine en pied, six rations, ci. . . . . . . 6.

A chaque Lieutenant en premier, quatre rations, ci. . . 4.

A chaque Lieutenant en second & Cornette, trois rations, ci. . . . . 3.

A chaque Maréchal-des-logis, deux rations, ci. . . . . . . 2.

Compagnies d'Ouvriers.

Au Capitaine, quatre rations, ci . . . . 4.

A chaque Lieutenant en premier, Lieutenant en second & Sous-lieutenant, trois rations, ci. . . . . 3.

État - major des régimens & Corps de Trou-pes-légères.

A chaque Colonel ou Commandant, fans compagnie, dix-huit rations, ci. . . . . 18.

A chaque Colonel ou Commandant, avec compagnie, douze rations, ci. . . . . 12.

A chaque Lieutenant-colonel, fans compagnie, dix rations, ci. . . . . 10.

A chaque Lieutenant - colonel, avec compagnie, quatre rations, ci. . . . . 4.

Au Lieutenant - colonel en second, fans compagnie, six rations, ci. . . . . 6.

A chaque Major, six rations, ci. . . . . 6.

A chaque Aide-Major d'Infanterie, Cavalerie ou Dragons, quatre rations, ci. . . . . 4.

A chaque Aumônier, deux rations, ci . . . . 2.

A chaque Chirurgien - major & Chirurgien Aide - major, deux rations, ci. . . . . 2.

Au Maréchal-des-logis, deux rations, ci . . . . 2.

Au

rations

Au Prevôt, trois rations, ci . . . .   3.

A l'Auditeur, trois rations, ci . . . .   3.

Au Greffier, deux rations, ci . . . .   2.

A chaque Archer & Exécuteur, une ration, ci . . . . . .   1.

A l'égard des Sergens, Cadets, Fourriers, Capitaines d'armes, Caporaux, Anspessades, Canonniers, Charpentiers, Ouvriers, Grenadiers, Fusiliers, Tambours, Tambourins, Brigadiers, Cavaliers, Hussards, Dragons, Trompettes & Timbaliers, il leur sera fourni, lorsque les Corps serviront aussi en campagne, savoir, deux rations de pain de munition par jour à chaque Sergent, & aux Brigadiers du corps des Fusiliers de Montagne, & une ration à chacun des autres, même aux surnuméraires qui servent à pied dans le corps de Chasseurs de Fischer; mais il leur sera retenu alors deux sols pour chaque ration sur leur solde.

Comme il a été connu qu'il résulteroit des inconvéniens contraires à la nature du service de ces troupes, si on les assujétissoit à recevoir le pain par des distributions régulières, comme on le fait aux autres troupes, cette fourniture n'aura lieu des établissemens ordinaires des Vivres, que dans le cas où la position de ces troupes pourra l'exiger; Sa Majesté se réservant d'ailleurs de faire connoître par une ordonnance particulière, ses intentions sur la manière dont lesdites troupes légères devront subsister en campagne, soit dans les pays amis ou ennemis, quand elles ne se trouveront point dans la nécessité d'être fournies des établissemens ordinaires des vivres & de la même manière que les autres troupes de Sa Majesté.

Chacune des compagnies des régimens Suisses & Grisons, qui serviront en campagne, composée de cent vingt hommes, y compris les Officiers, recevra cent vingt rations de pain par jour, & il sera retenu sur la solde deux sols pour chaque ration qui lui sera fournie, suivant les revûes des Commissaires des guerres, ci . . . 120.

SUISSES & GRISONS. Compagnies. Retenue pour le pain.

Les compagnies des douze régimens d'Infanterie Allemande d'Alsace, d'Anhaldt, la Marck, Royal-Suédois, Royal-

Douze régimens d'Infanterie

R

allemande, le régiment étranger de Boüillon & deux régimens d'Infanterie liégeoise.

Compagnies.

Bavière, Lowendal, Bergh, du Prince Louis de Naſſau, la Dauphine, Saint-Germain & Royal-Pologne, du régiment étranger de Boüillon, créé par ordonnance du 18 janvier 1757, & des régimens d'Infanterie liégeoiſe de Vierzet & d'Horion, créés par ordonnance du 25 mars 1757, compoſées de quatre-vingt-cinq hommes chacune, non compris les Officiers, recevront le pain de munition, en ſervant en campagne, ſur le pied de quatre-vingt-cinq rations par jour à chaque compagnie (les Officiers en pied ou réformés à la ſuite deſdits régimens n'en devant point avoir), dont la retenue

Retenue pour le pain.

ſera faite ſur la ſolde, à raiſon de deux ſols pour chacune des rations qui ſeront fournies auxdites compagnies, ſuivant les revûes des Commiſſaires des guerres, ci . . . . 85.

ROYAL-DEUX-PONTS. Compagnies.

Chacune des vingt-quatre compagnies du régiment Royal-deux-Ponts, d'Infanterie allemande, compoſée de cent treize hommes, non compris les Officiers, recevra le pain de munition, en ſervant en campagne, ſur le pied de cent treize rations par jour (les Officiers n'en devant point avoir), dont la retenue ſera faite ſur la ſolde,

Retenue pour le pain.

à raiſon de deux ſols pour chaque ration qui ſera fournie aux compagnies, ſuivant les revûes des Commiſſaires des guerres, ci. . . . . 113.

GENDARMERIE.

GARDES-DU-CORPS du ROI.

LES Cornettes des quatre compagnies des Gardes-du-Corps de Sa Majeſté, auront le pain de munition, en ſervant en campagne, ſur le pied par jour, ſavoir;

A chaque Lieutenant & Enſeigne, ſix rations, ci. . . . . . 6.

A chaque Exempt & Aide-major qui auront rang d'Enſeigne, pareille quantité de ſix rations, ci. . . . . 6.

A chaque Exempt, Aide-major & Sous-aide-major, quatre rations, ci. . . . . 4.

A chacun des quatre Aumôniers, deux rations, ci . . . . . 2.

A chaque Brigadier, Sous-brigadier, Garde-du-Corps, Trompette, Timbalier & Chirurgien, une ration, ci . 1.

GENDARMES & CHEVAUX-LÉGERS de la GARDE du ROI.

La Cornette de la compagnie des Gendarmes & celle de la compagnie des Chevaux-légers de la garde de Sa

Majesté, auront du pain de munition, en servant en campagne, sur le pied par jour, savoir;

rations.

A chaque Capitaine-lieutenant, douze rations, ci. . . . . . 12.

A chaque Sous-lieutenant, six rations, ci. . . . . 6.

A chaque Enseigne, Guidon & Cornette, trois rations, ci. . . . . 3.

A chaque Aide-major, Maréchal-des-logis & Aumônier, deux rations, ci . . . . 2.

A chaque Brigadier, Sous-brigadier, Porte-étendard, Sous-aide-major, Gendarme, Chevau-leger, Trompette, Timbalier, Chirurgien, Apothicaire, Fourrier, Sellier & Maréchal-ferrant, une ration, ci . . . . 1.

Les détachemens des deux compagnies de Mousquetaires de la garde de Sa Majesté, auront le pain de munition, en servant en campagne, sur le pied par jour, savoir; *Mousquetaires de la Garde du Roi.*

A chaque Sous-lieutenant, Enseigne & Cornette, six rations, ci . . . . 6.

A chaque Maréchal-des-logis, dont deux font les fonctions d'Aide-major, deux rations, ci . . . . 2.

A chaque Aumônier, deux rations, ci . . . . 2.

A chaque Brigadier, Sous-brigadier, dont deux font les fonctions de Sous-aide-major, Porte-étendard, Mousquetaire, Tambour, Chirurgien, Apothicaire, Fourrier, Sellier & Maréchal-ferrant, une ration, ci . . . . 1.

La compagnie des Grenadiers à cheval de Sa Majesté, recevra le pain de munition, en servant en campagne, sur le pied par jour, savoir; *Grenadiers à Cheval.*

Au Capitaine-lieutenant, six rations, ci . . . . 6.

A chaque Lieutenant, quatre rations, ci . . . . 4.

A chaque Sous-lieutenant, trois rations, ci . . . . 3.

A chaque Maréchal-des-logis & à l'Aumônier, deux rations, ci . . . . 2.

A chaque Sergent, Brigadier, Sous-brigadier, Appointé, Porte-étendard, Grenadier à cheval & Tambour, une ration, ci . . . . 1.

Les dix compagnies de Gendarmes, & les six compagnies de Chevaux-légers de la Gendarmerie, recevront le pain de munition, en servant en campagne, sur le pied par jour, savoir;

rations.

A chaque Capitaine-lieutenant, dix rations, ci . . . . 10.

A chaque Sous-lieutenant, quatre rations, ci . . . . 4.

A chaque Enseigne, Guidon & Cornette, trois rations, ci . . . . 3.

A chaque Maréchal-des-logis, deux rations, ci . . . . . 2.

A chaque Brigadier, Sous-brigadier, Porte-étendard, Gendarme, Chevau-léger, Trompette, & à chacun des huit Timbaliers de ladite Gendarmerie, une ration, ci . 1.

Au Major, douze rations, ci . . . . 12.

A l'Aide-major, huit rations, ci . . . . 8.

A chacun des deux Sous-aides-majors, six rations, ci . . 6.

A chacun des deux Aumôniers de ladite Gendarmerie, deux rations, ci . . . . 2.

CAVALERIE FRANÇOISE ET ÉTRANGÉRE, CARABINIERS, HUSSARDS & DRAGONS.

Les compagnies des régimens de Cavalerie françoise, des Carabiniers de M. le Comte de Provence, de la Cavalerie étrangère, de Hussards & de Dragons, qui serviront en campagne, recevront le pain de munition sur le pied par jour, savoir;

A chaque Capitaine en pied & à chaque Capitaine réformé en 1748 & 1749, qui a eu troupe, six rations, ci . . . 6.

Au Capitaine en second du régiment de Royal-Nassau de Cavalerie-légère allemande, quatre rations, ci . . . . . 4.

A chaque Lieutenant & au Sous-lieutenant en charge qui est en chacune des compagnies Colonelle des régimens du Colonel-général de la Cavalerie & du Colonel-général des Dragons, quatre rations, ci . . . . 4.

A chaque Lieutenant en second des régimens d'Hussards

& du

rations.

& du régiment de Royal-Nassau de Cavalerie allemande, trois rations, ci . . . . 3.

A chaque Cornette, trois rations, ci . . . . 3.

A chaque Maréchal-des-logis, deux rations, ci . . . . . 2.

A chaque Fourrier, Brigadier, Cavalier, Carabinier, Volontaire, Hussard, Dragon, Trompette, Timbalier, & Tambour, une ration, ci . . . . 1.

Les Officiers des États-majors desdits régimens de Cavalerie & de Dragons, qui serviront en campagne, recevront le pain de munition sur le pied par jour, savoir;

États-majors
de la Cavalerie,
des Hussards &
des Dragons.

A chaque Mestre-de-camp de Cavalerie & de Dragons, & Mestre-de-camp-lieutenant de chaque brigade du régiment des Carabiniers, auxquels Sa Majesté a conservé les compagnies, douze rations, indépendamment de celles qu'ils reçoivent comme Capitaine, ci . . . . . 12.

A chaque Lieutenant-colonel, auquel Sa Majesté a pareillement conservé sa compagnie, y compris le second Lieutenant-colonel qui est dans le régiment Royal-Allemand, quatre rations, outre celles qui lui sont attribuées comme Capitaine, ci . . . . 4.

A chaque Mestre-de-camp de Cavalerie & de Dragons, sans compagnie, dix-huit rations, ci . . . . 18.

A chaque Mestre-de-camp en second des régimens de Wirtemberg & d'Orléans Dragons, quatorze rations, ci . . . . 14.

Au Mestre-de-camp-lieutenant du régiment des Carabiniers, vingt-quatre rations, indépendamment des six rations qu'il recevra comme Capitaine, ci . . . . 24.

Au Major du même régiment, ayant rang de Mestre-de-camp, douze rations, ci . . . . 12.

A l'Aide-major du même régiment, huit rations, ci . . . 8.

A chaque Lieutenant-colonel, aussi sans compagnie, dix rations, ci . . . . 10.

Au Lieutenant-colonel en second qui est entretenu en chacun des régimens de Hussards, huit rations, ci . . . 8.

Au Major du régiment de Wirtemberg, huit rations, ci . . 8.

S

rations.

A chaque Major, dont deux dans Royal - Allemand, six
rations, ci . . . . 6.

A chaque Aide-major des Carabiniers, six rations, ci . . 6.

A chaque Aide-major de Cavalerie, Huſſards & Dragons,
& Sous-aide-major de Carabiniers, quatre rations, ci . . 4.

A chaque ſecond Aide-major des régimens de Huſſards &
de Dragons, quatre rations, ci . . . . 4.

A chaque Aumônier & Chirurgien dans la Cavalerie,
les Huſſards & Cavalerie légère, & à l'Aumônier ſeule-
ment dans les Dragons, deux rations, ci . . . . 2.

ROYAL-ALLEMAND.
Prevôté.

Dans le régiment de Royal - Allemand, deux rations au
Maréchal-des-logis de l'État-major, ci . . . . 2.

Au Prevôt dudit régiment, quatre rations, ci . . . . . . 4.

A ſon Lieutenant, trois rations, ci . . . . 3.

Au Greffier, deux rations, ci . . . . 2.

A chacun des quatre Archers & à l'Exécuteur de Juſtice,
une ration, ci . . . . 1.

Pour les femmes & enfans dudit régiment Royal-Allemand,
la quantité de ſoixante rations de pain par jour, ci . . . 60.

WIRTEMBERG.
Prevôté.

Dans le régiment de Wirtemberg, quatre rations par jour
à l'Auditeur, ci . . . . 4.

Au Greffier, deux rations, ci . . . . 2.

A chacun des trois Archers & à l'Exécuteur de Juſtice,
une ration, ci . . . . 1.

**ROYAL-NASSAU
de CAVALERIE
LÉGÈRE
ALLEMANDE.**
Prevôté.

Au Prevôt du régiment Royal - Naſſau, trois rations,
ci . . . . 3.

**VOLONTAIRES
de
SCHOMBERG.**

Les Officiers du régiment des Volontaires de Schomberg, auront la fourniture de pain de munition *gratis*,
lorſque ce régiment ſervira en campagne; elle leur ſera
faite ſur le pied par jour, ſavoir;

Brigades.

A chaque Capitaine chef de brigade, ſix rations, ci . . . 6.

A chaque Capitaine en ſecond, quatre rations, ci . . . . 4.

A chaque Lieutenant en premier, Lieutenant en ſecond
& Cornette, trois rations, ci . . . . 3.

A chaque Maréchal-des-logis, deux rations, ci . . . . 2.

Au Meſtre-de-camp qui ne doit point avoir de brigade, dix-huit rations, ci . . . . 18.

Au Lieutenant-colonel qui a une brigade, quatre rations, ci. 4.

Au Major, ſix rations, ci . . . . 6.

A l'Aide-major, quatre rations, ci . . . . 4.

Et à chacun des dix-ſept petits Officiers, une ration, ci . . 1.

A l'égard des Brigadiers, Sous-brigadiers, Fourriers, Volontaires & Trompettes, il leur ſera fourni à chacun une ration de pain de munition par jour, lorſque le régiment ſera en campagne; mais il leur ſera retenu deux ſols pour chaque ration ſur leur ſolde.

Les Officiers réformés, avec appointemens, à la ſuite des régimens de Cavalerie Françoiſe & Étrangère, de Huſſards & de Dragons, auront du pain de munition, en ſervant en campagne, ſur le pied par jour, ſavoir;

A chaque Meſtre-de-camp & à chaque Lieutenant-colonel, ſix rations, ci . . . . 6.

A chaque Capitaine, quatre rations, ci . . . . 4.

A chaque Lieutenant, deux rations, ci . . . . 2.

L'intention de Sa Majeſté eſt que la fourniture du pain de munition ſoit faite à ſes troupes d'Infanterie, à celles de ſa Maiſon, à la Gendarmerie, à la Cavalerie françoiſe & étrangère, Carabiniers, Huſſards & Dragons, pendant qu'elles ſerviront en campagne, conformément au règlement ci-deſſus, & ſur les états particuliers que Sa Majeſté en ſera expédier; en obſervant que ladite fourniture de pain ne doit être faite que pour le nombre d'hommes préſens & effectifs aux revûes des Commiſſaires des guerres prépoſés à cet effet.

La viande ſera fournie ſur le pied d'une demi-livre par jour, même les 31 des mois de mai, juillet, août & octobre, à l'exception des vendredis, aux Sergens, Soldats & Tambours de l'Infanterie françoiſe, ſans aucune retenue ſur la ſolde de campagne.

 Elle sera aussi fournie aux Sergens & Soldats de l'Infanterie Allemande, Italienne, Irlandoise & Écossoise; mais il sera retenu pour chaque livre de viande, deux sols onze deniers sur la solde de ladite Infanterie étrangère.

Dans le cas où les régimens Suisses & Grisons serviront en campagne, ils recevront la fourniture de la viande, sur le même pied d'une demi-livre pour chaque homme, & la retenue leur en sera faite à raison de deux sols onze deniers la livre; entendant Sa Majesté que cette fourniture n'ait lieu, pour chaque compagnie, que sur le pied de cent quinze hommes, les Officiers n'en devant point avoir.

La viande sera pareillement fournie aux Brigadiers, Cavaliers, Carabiniers, Hussards, Dragons, Timbaliers, Trompettes & Tambours, & il sera retenu pour chaque livre de viande, trois sols cinq deniers sur leur solde.

Sa Majesté veut bien aussi permettre aux régimens & corps des Troupes légères, y compris les Volontaires de Schomberg, de prendre de la viande dans le cas où ils serviront en campagne, & qu'ils seront à portée de l'armée; & son intention est qu'il soit retenu deux sols pour chaque livre de viande à l'Infanterie, & trois sols cinq deniers à la Cavalerie, Hussards, Dragons & Volontaires, aussi pour chaque livre de viande.

X I I.

Payement de l'ustensile pendant la campagne.

SA MAJESTÉ ayant réglé par l'ordonnance de solde d'hiver, l'ustensile qu'Elle accorde à ses troupes en temps de guerre, & la portion dudit ustensile qui doit être distribuée par mois pendant la campagne, aux Officiers desdites troupes; son intention est qu'il leur soit payé pendant chacun des mois de mai, juin, juillet, août, septembre & octobre de la campagne, savoir; à ceux qui auront eu l'ustensile entier, les sommes portées ci-après, & seulement moitié desdites sommes à ceux qui

n'auront

n'auront eu que le demi-uftenfile, ceux qui n'auront point participé à l'uftenfile du quartier d'hiver dernier ne devant point avoir part à cette diftribution.

INFANTERIE FRANÇOISE.

A chaque Colonel, Lieutenant-colonel, Commandant de bataillon, Major, Capitaine de Grenadiers & Capitaine de Fufiliers, vingt-cinq livres, ci . . . . 25.^{l} 0.^{f}

A chaque Lieutenant, tant de Grenadiers que Fufiliers, & Aide-major, quinze livres, ci . . . . 15.

A chaque Sous-lieutenant & Enfeigne, dix livres, ci . . 10.

CORPS DES GRENADIERS DE FRANCE.

A l'Infpecteur-commandant, & au Commandant en fecond, vingt-cinq livres, ci . . . . 25.^{l} 0.^{f}

A chaque Colonel, Lieutenant-colonel & Major attachés au corps, vingt-cinq livres, ci . . . . 25.

A chaque Capitaine, vingt-cinq livres, ci . . . . . . 25.

A chaque Lieutenant & Aide-major, quinze livres, ci 15.

A chaque Lieutenant en fecond, dix livres, ci . . . . 10.

CORPS ROYAL DE L'ARTILLERIE.

A chaque Chef de brigade, Colonel, Lieutenant-colonel & Major, vingt-cinq livres, ci . . . . . . 25.^{l} 0.^{f}

A chaque Capitaine en pied, cinquante livres, ci . . 50.

A chaque Capitaine en fecond, vingt-cinq livres, ci 25. 0.

A chaque premier Lieutenant, Lieutenant en fecond & Aide-major, quinze livres, ci . . . . 15.

A chaque Sous-aide-major & Garçon-major, cinq livres, ci . . . . 5.

INFANTERIE IRLANDOISE ET ÉCOSSOISE.

A chaque Colonel, Lieutenant-colonel, Major, Capitaine & Capitaine en fecond, tant de Grenadiers que de Fufiliers, vingt-cinq livres, ci . . . . . 25.^{l} 0.^{f}

A chaque Lieutenant, tant de Grenadiers que de Fufiliers, & Aide-major, quinze livres, ci . . . . . 15.

T

A chaque Lieutenant en second, tant de Grenadiers que de Fusiliers, dix livres, ci . . . . 10.[l]

A chaque Enseigne, dix livres, ci . . . . 10.

ROYAL-ITALIEN ET ROYAL-CORSE.

A chaque Colonel, Lieutenant-colonel, Major, Capitaine de Grenadiers, Capitaine & Capitaine en second de Fusiliers, vingt-cinq livres, ci . . . 25.[l] 0.[f]

A chaque Lieutenant de Grenadiers & de Fusiliers, quinze livres, ci . . . . 15.

A chaque Lieutenant en second de Grenadiers & de Fusiliers, dix livres, ci . . . . 10.

A chaque Aide-major, quinze livres, ci . . . . . . 15.

Au Colonel en second de Royal-Corse, vingt-cinq livres, ci . . . . 25.

OFFICIERS RÉFORMÉS D'INFANTERIE.

A chaque Colonel & Lieutenant-colonel, vingt-cinq livres, ci . . . . 25.[l] 0.[f]

A chaque Capitaine, quinze livres, ci . . . . 15.

A chaque Lieutenant, cinq livres, ci . . . . 5.

GENDARMERIE.

COMPAGNIES DE CHEVAUX-LÉGERS.

A chaque Capitaine-lieutenant, pour deux places d'ustensile, trente livres, ci . . . . 30.[l] 0.[f]

A chaque Sous-lieutenant & Cornette, pour une place, quinze livres, ci . . . . 15.

A chaque Maréchal-des-logis, tant des compagnies de Gendarmes que de Chevaux-légers, pour une demi-place, sept livres dix sols, ci . . . . 7.[l] 10.[f]

CARABINIERS.

Au Mestre-de-camp-lieutenant, pour deux places, trente livres, ci . . . . 30.[l] 0.[f]

Au Major, pour deux places, trente livres, ci . . . 30. 0.

A chaque Mestre-de-camp commandant une brigade comme Capitaine seulement, pour deux places, trente livres, ci . . . . 30.

A chaque Lieutenant-colonel comme Capitaine feu-
lement, pour deux places, trente livres, ci. . . . . 30.^l 0.^f

A chaque Capitaine, pour deux places, trente livres, ci . 30.

A chaque Lieutenant, Cornette, Aide-major & Sous-
aide-major, pour une place, quinze livres, ci . . . 15.

A chaque Maréchal-des-logis, pour une demi-place,
fept livres dix fols . . . . 7. 10.

CAVALERIE.

A chaque Meſtre-de-camp & Lieutenant-colonel ſans
compagnie, pour deux places, trente livres, ci . . 30.^l 0.^f

A chaque Capitaine & Major, pour deux places,
trente livres, ci. . . . . 30.

A chaque Lieutenant, Cornette & Aide-major, pour
une place, quinze livres, ci . . . . 15.

A chaque Maréchal-des-logis, pour une demi-place,
fept livres dix fols, ci. . . . . 7. 10.

RÉGIMENT ROYAL-ALLEMAND.

Au Meſtre-de-camp, comme Capitaine feulement,
trente livres, ci . . . . 30.^l 0.^f

A chacun des deux Lieutenans-colonels, comme
Capitaines feulement, & des deux Majors, trente
livres, ci . . . . 30.

A chaque Capitaine, trente livres, ci. . . . . 30.

A chaque Lieutenant & Cornette, quinze livres, ci. 15.

A chaque Maréchal-des-logis, fept livres dix fols, ci. 7. 10.

A chacun des deux Aides-majors, quinze livres, ci. 15.

Au Maréchal-des-logis de l'État-major & au Prevôt,
chacun quinze livres, ci. . . . . 15. 0.

Au Lieutenant de Prevôt, au Greffier & à chacun
des quatre Archers & à l'Exécuteur de juſtice,
fept livres dix fols, ci . . . . 7. 10.

RÉGIMENS DE WIRTEMBERG
& de NASSAU-SAARBRUCK.

A chaque Meſtre-de-camp & Lieutenant-colonel,
comme Capitaine feulement, trente livres, ci . . 30.^l 0.^f

A chaque Capitaine & Major, trente livres, ci . . 30.

A chaque Lieutenant, Cornette & Aide-major, quinze livres, ci. . . . . 15.^l 0.^f

A chaque Maréchal-des-logis, sept livres dix sols, ci. 7. 10.

Au Meſtre - de - camp en ſecond du régiment de Wirtemberg, trente livres, ci. . . . . 30.

RÉGIMENT DE CAVALERIE LIÉGEOISE DE RAUGRAVE.

A chacun des Meſtre-de-camp, Lieutenant-colonel & Major, trente livres, ci. . . . . 30.^l 0.^f

A chaque Capitaine, trente livres, ci. . . . . 30.

A chaque Lieutenant & Cornette, & à l'Aide-major, quinze livres, ci . . . . 15.

A chaque Maréchal-des-logis, ſept livres dix ſols, ci. 7. 10.

RÉGIMENT DE CAVALERIE LÉGÈRE DE CORSE.

A chacun des Meſtre-de-camp, Lieutenant-colonel & Major, trente livres, ci. . . . . 30.^l 0.^f

A chaque Capitaine, trente livres, ci. . . . . 30.

A chaque Lieutenant & à l'Aide-major, quinze livres, ci . . . . 15.

A chaque Maréchal-des-logis, ſept livres dix ſols, ci. 7. 10.

HUSSARDS.

A chaque Meſtre-de-camp, Lieutenant-colonel en pied, Lieutenant - colonel incorporé & Major, trente livres, ci. 30.^l 0.^f

A chaque Capitaine, trente livres, ci. . . . . 30.

A chaque premier Lieutenant, ſecond Lieutenant, Cornette & Aide-major, quinze livres, ci. . . . . 15.

A chaque Maréchal-des-logis, ſept livres dix ſols, ci. 7. 10.

DRAGONS.

A chaque Meſtre - de - camp, Lieutenant - colonel & Major, trente livres, ci . . . . 30. 0.

A chaque Capitaine, trente livres, ci. . . . . 30.

A chaque Lieutenant, Cornette & Aide-major, quinze livres, ci . . . . 15.

A chaque Maréchal-des-logis, ſept livres dix ſols, ci. 7. 10.

A chaque

Au Meſtre-de-camp, Lieutenant en ſecond du régiment de Dragons d'Orléans, trente livres, ci . . 30.

RÉGIMENT ROYAL-NASSAU.

A chacun des Meſtre-de-camp, Lieutenant-colonel
& Major, trente livres, ci . . . . 30.ˡ oˡ

A chaque Capitaine & au Capitaine en ſecond, trente
livres, ci. 30.

A chaque Lieutenant en premier, Lieutenant en
ſecond & Cornette, quinze livres, ci . . . . . . 15.

A chaque Maréchal-des-logis, ſept livres dix ſols, ci. 7. 10.

A chacun des Aide-major & au Prevôt, quinze
livres, ci. 15.

OFFICIERS RÉFORMÉS DE CAVALERIE, HUSSARDS ET DRAGONS.

A chaque Meſtre-de-camp, Lieutenant-colonel &
Capitaine, trente livres, ci. . . . . 30.ˡ oˡ

A chaque Lieutenant, quinze livres, ci. . . . . . . 15.

Les Officiers des Troupes légères, y compris le régiment des Volontaires de Schomberg, continueront de
recevoir l'uſtenſile qui leur ſera réglé pendant les cinq
mois d'hiver; comme par le paſſé.

Et pour les deux ſols de retenue par jour pendant les
cent cinquante jours du quartier d'hiver, ſur la place
d'uſtenſile de chaque Gendarme & Chevau-léger de la
Gendarmerie, & de chaque Carabinier, Cavalier, Huſſard
& Dragon, faiſant la ſomme de quinze livres, Sa Majeſté
ordonne qu'elle ſoit diſtribuée manuellement par le
Major ou Aide-major de la Gendarmerie & de chaque
régiment, aux Gendarmes, Chevaux-légers, Carabiniers,
Cavaliers, Huſſards & Dragons, ſur le pied d'un écu de
ſoixante ſols, par chacun des mois de juin, juillet, août,
ſeptembre & octobre, même à ceux des régimens qui ayant
reçû le quartier d'hiver, reſteroient dans les garniſons
pendant la campagne; ſans que leſdits Officiers-majors
puiſſent s'en diſpenſer pour quelque raiſon que ce ſoit,

Écu de campagne.

V.

à peine d'être privés de leurs charges : au moyen de quoi, lesdits Carabiniers, Cavaliers, Huffards & Dragons feront obligés de s'entretenir de linge, culotte, de bas & de fouliers, & d'entretenir leurs chevaux de ferrage, de tenir leurs armes nettes, & d'y faire les menues réparations, en forte qu'elles foient en bon état : Entend Sa Majefté que fi ces armes venoient à être en un état à ne pouvoir plus fervir, fans que ce foit par la faute du Cavalier ou du Dragon, qu'il foit néceffaire de les changer, le Capitaine en faffe la dépenfe ; & qu'au furplus chaque Capitaine entretienne chaque Carabinier, Cavalier, Huffard & Dragon, de cheval, houffe, felle, harnois, bride, habillement, manteau, chapeau, bottes & armes.

MANDE & ordonne Sa Majefté aux Généraux commandant fes armées, aux Officiers généraux ayant commandement fur fes troupes, aux Gouverneurs & Lieutenans généraux dans fes provinces, aux Gouverneurs & Commandans de fes villes & places, aux Infpecteurs généraux de fes troupes, aux Intendans de fes armées, dans fes provinces & fur fes frontières, aux Commiffaires des guerres, & à tous autres fes Officiers qu'il appartiendra, de tenir la main à l'exécution de la préfente. FAIT à Verfailles le premier juillet mil fept cent cinquante-neuf. *Signé* LOUIS. *Et plus bas,* LE M.^{AL} DUC DE BELLE-ISLE.